新时代交通运输部系统党支部建设

中共交通运输部党校

人民交通出版社股份有限公司

北京

图书在版编目(CIP)数据

新时代交通运输部系统党支部建设/中共交通运输部党校编. —北京:人民交通出版社股份有限公司,2022.6
ISBN 978-7-114-18005-7

Ⅰ.①新… Ⅱ.①中… Ⅲ.①中国共产党—交通运输业—党支部—工作 Ⅳ.①D267.1

中国版本图书馆 CIP 数据核字(2022)第 091234 号

Xinshidai Jiaotong Yunshubu Xitong Dangzhibu Jianshe

书　　名:	新时代交通运输部系统党支部建设
著 作 者:	中共交通运输部党校
责任编辑:	时　旭
责任校对:	刘　芹
责任印制:	刘高彤
出版发行:	人民交通出版社股份有限公司
地　　址:	(100011) 北京市朝阳区安定门外外馆斜街 3 号
网　　址:	http://www.ccpcl.com.cn
销售电话:	(010) 59757973
总 经 销:	人民交通出版社股份有限公司发行部
经　　销:	各地新华书店
印　　刷:	北京市密东印刷有限公司
开　　本:	710×1000　1/16
印　　张:	15.75
字　　数:	190 千
版　　次:	2022 年 6 月　第 1 版
印　　次:	2022 年 6 月　第 1 次印刷
书　　号:	ISBN 978-7-114-18005-7
定　　价:	56.00 元

(有印刷、装订质量问题的图书由本公司负责调换)

《新时代交通运输部系统党支部建设》
编审委员会及编写组名单

编审委员会

主 任 委 员：柯林春

副主任委员：易振国　郭洪太

委　　　员：张冲峰　张星朝　寿　涛　任永民
　　　　　　李昌健　周晓航　刘书斌　殷　林
　　　　　　韩　敏　朱传生　严　红

编 写 组

组　　长：严　红

副 组 长：康爱岐　苏青场

成　　员：隋斌斌　李佳裔　孙　强　张慧研
　　　　　李　凤　杨久华　陈海燕　赖万群

PREFACE | 序言

习近平总书记在庆祝中国共产党成立100周年大会上强调，以史为鉴、开创未来，必须不断推进党的建设新的伟大工程。党的十九届六中全会通过的《中共中央关于党的百年奋斗重大成就和历史经验的决议》指出，勇于自我革命是中国共产党区别于其他政党的显著标志，自我革命精神是党永葆青春活力的强大支撑。新的征程上，我们要深刻认识"两个确立"的决定性意义，深入领会党的百年奋斗重大成就和历史经验，牢记打铁必须自身硬的道理，增强全面从严治党永远在路上的政治自觉，以伟大自我革命精神继续推进新时代党的建设新的伟大工程，为加快建设交通强国、当好中国现代化的开路先锋提供坚强保证。

基础不牢，地动山摇。新时代党支部建设是党的建设新的伟大工程的重要组成部分，具有极端重要性。党的十八大以来，以习近平同志为核心的党中央高度重视党支部建设，作出一系列重要部署，推出一系列重大举措。特别是2018年10月，中共中央印发了《中国共产党支部工作条例（试行）》，为加强新时代党支部建设提供了制度保证。近年来，交通运输部系统各级党组织深入学习贯彻习近平总书记关于新时代党支部建设的重要论述，贯彻落实党中央关于新时代党支部建设的各项部署要求,把全面从严治党落实到每个支部、每名党员,推动形成了人抓基层、大抓支部的良好态势,取得了明显成效。编写反映新时代交通运输部系统党支部建设理论成果、实践成果和制度成果的指导用书正当其时,交通运输部系统广大党务工作者和党员干部热切期盼。

2021年1月,中共交通运输部党组印发《关于进一步推进交通运输部党校(管理干部学院)高质量发展的意见》,为交通运输部党校(管理干部学院)高质量发展指明了前进方向、提出了新的要求。交通运输部党校(管理干部学院)坚决贯彻落实部党组的决策部署,为建设干部培训、理论研究、新型智库和国际交流全面发展的一流党校(学院)作出一系列新举措新安排。编写《新时代交通运输部系统党支部建设》,是交通运输部党校(管理干部学院)加强教材建设、推进高质量发展的有力举措和具体体现。

本书编写主要遵循以下基本原则:一是注重政治性,以习近平新时代中国特色社会主义思想为指导,以党章为根本遵循,贯彻落实《中国共产党支部工作条例(试行)》《中共交通运输部党组关于全面加强新时代党支部建设的意见》,确保正确的政治方向;二是注重实践性,体现大交通视野,运用历史思维,深刻总结党的十八大以来加强交通运输部系统党支部建设的鲜活实践经验;三是注重特色性,紧扣交通运输部系统党支部的职责定位,聚焦重点难点问题,在加快建设交通强国、奋力当好中国现代化的开路先锋的进程中,推动党支部建设全面进步、全面过硬,凸显鲜明的交通特色；四是注重应用性，体现理论与实践相结合，既透彻讲解党支部建设的原则性要求，又在实务操作上提出具体、明确的要求，让党务工作者明白应该怎么做，如何去做，如何做得更好。

本书以贯彻落实《中共交通运输部党组关于全面加强新时代党支部建设的意见》为主线，共分七章。第一章阐述新时代交通运输部系统党支部建设的重要意义，阐述新时代交通运输部系统党支部的职责任务，明确加强新时代交通运输部系统党支部建设的总体要求；第二章至第六章阐述加强新时代交通运输部系统党支部建设的主要内容，包括政治建设、思想建设、组织建设、作风建设、纪律建设、制度建设、反腐败斗争等；第七章阐述加强新时代交通运输部系统党支部建设的领导和保障。《新时代交通运输部系统党支部建设》既可作为交通运输广大党务工作者和党员干部理论学习的重要参考读物，也可作为做好新时代党支部工作实用指南和干部教育培训读本。

编　者
2022 年 6 月

CONTENTS | 目录

第一章　新时代交通运输部系统党支部建设总论 …………… 1
　第一节　把新时代交通运输部系统党支部建设放在
　　　　　更加突出的位置 …………………………………… 2
　第二节　新时代交通运输部系统党支部的职责任务 ………… 11
　第三节　新时代交通运输部系统党支部建设
　　　　　要有新气象新作为 ………………………………… 15

第二章　把政治建设摆在首位 ……………………………… 21
　第一节　坚决做到"两个维护" ……………………………… 22
　第二节　严肃党内政治生活 ………………………………… 32
　第三节　提高党员干部政治能力 …………………………… 39

第三章　坚持不懈强化理论武装 …………………………… 45
　第一节　用习近平新时代中国特色社会主义思想
　　　　　凝心铸魂 …………………………………………… 46
　第二节　强化理想信念教育 ………………………………… 56
　第三节　推进党史学习教育常态化长效化 ………………… 62
　第四节　做好新形势下意识形态工作 ……………………… 71
　第五节　加强和改进思想政治工作 ………………………… 74

第四章　全面提升组织力 …………………………………… 79

第一节　优化党支部组织设置 …………………… 80
　　第二节　完善党支部工作机制 …………………… 86
　　第三节　严格党支部组织生活 …………………… 93
　　第四节　加强党支部委员会建设 ………………… 104
　　第五节　加强党员教育管理监督 ………………… 111

第五章　作风建设永远在路上 …………………………… 118
　　第一节　始终保持党同人民群众的血肉联系 …… 119
　　第二节　驰而不息纠治"四风" ………………… 128
　　第三节　激励党员干部新时代新担当新作为 …… 136

第六章　以严的主基调加强纪律建设 …………………… 149
　　第一节　坚持把纪律挺在前面 …………………… 150
　　第二节　增强纪律教育的针对性 ………………… 156
　　第三节　使纪律真正成为带电的高压线 ………… 163
　　第四节　落实一体推进不敢腐、不能腐、不想腐 … 170

第七章　加强交通运输部系统党支部建设的领导和保障 … 178
　　第一节　落实抓好党支部建设的主体责任 ……… 179
　　第二节　增强抓好党支部建设的能力本领 ……… 190
　　第三节　加强党支部建设的保障措施 …………… 206

附录 ………………………………………………………… 217
　　中国共产党支部工作条例（试行）
　　　（2018年10月28日起施行）………………… 217
　　中共交通运输部党组关于全面加强新时代党支部建设的
　　　意见（2019年5月31日）…………………… 231

参考文献 …………………………………………………… 238

后记 ………………………………………………………… 240

第一章　新时代交通运输部系统党支部建设总论

党的力量来自组织，作为党的肌体的"神经末梢"，党支部是党的基础组织，是党组织开展工作的基本单元，是党在社会基层组织中的战斗堡垒，是党的全部工作和战斗力的基础。把党支部建设放在更加突出的位置，全面加强新时代党支部建设，是以习近平同志为核心的党中央的重大决策部署，是推进伟大斗争、伟大工程、伟大事业、伟大梦想的内在要求。进入新时代，交通运输部系统党支部肩负着加快建设交通强国的新使命，担负着直接教育党员、管理党员、监督党员和组织群众、宣传群众、凝聚群众、服务群众的重要职责。加强新时代交通运输部系统党支部建设，对于确保党的路线方针政策和决策部署在交通运输落地生根，加快建设交通强国、努力当好中国现代化的开路先锋，意义重大而深远。

第一节 把新时代交通运输部系统党支部建设放在更加突出的位置

中国特色社会主义进入新时代，新形势新使命对交通运输部系统党支部建设提出了许多新要求。要进一步提高政治站位，切实增强党支部建设的责任感使命感，把新时代交通运输部系统党支部建设放在更加突出的位置。

一、重视党支部、善抓党支部的历史自觉

高度重视党支部、善抓党支部是我们党的光荣传统和政治优势。党的这一光荣传统和政治优势从根源上讲，来自于马克思主义的建党理论和指导原则。马克思、恩格斯在《共产主义者同盟章程》中明确支部是党的基层组织，规定建立从支部、区部、总区部到中央委员会、代表大会自下而上的组织系统，并在"支部"专章中规定支部的组织形式和接收新盟员等职责任务。列宁领导俄共（布）在八大党章中规定："党支部是党组织的基础"，并强调要"使基层组织真正成为而不是在口头上成为党的基本组织细胞"。[①]

纵观党的百年历史，我们党始终围绕不同历史时期党面临的主要任务，在推进伟大自我革命和伟大社会革命的进程中，充分发挥千千万万个党支部的战斗堡垒作用，取得了一个又一个的胜利。一定意义上说，一部建设党支部、建强党支部的历史，就是一部生动的党的不

[①] 《党的十九大报告学习辅导百问》，党建读物出版社、学习出版社2017年版，第210页。

第一章 新时代交通运输部系统党支部建设总论

懈奋斗史。1921年,党成立之初,党的基层组织的称谓并不叫作"支部",而叫作"组""小组"。1925年,党的四大第一次将党的基层组织由党的"小组"改为党的"支部"。强调支部的工作"不能仅限于教育党员,吸收党员",而且要时常利用机会"去宣传工人群众,促成他们阶级的自觉"。1927年,毛泽东同志率领秋收起义部队到达江西省永新县进行了著名的"三湾改编",提出并实现了"支部建在连上",由此党在革命性锻造中更加坚强,焕发出勃勃生机。正如毛泽东同志在《井冈山的斗争》中所指出的:"红军所以艰难奋战而不溃散,'支部建在连上'是一个重要原因。"[①] 1945年,党的七大通过的党章对其内涵作了总结和概括,指出:党的基础组织,是党的支部;在每一个工厂、矿山、农村、企业、街道、连队、机关、学校,等等之内,凡有党员三人以上者,即成立党的支部组织;明确了支部的4项任务,标志着我们党探索党支部建设已经日趋成熟。其后,在各个历史时期,我们党始终把党支部建设放在十分突出位置,使其在管党治党、从严治党中发挥重要基础作用。党的十八大以来,以习近平同志为核心的党中央从党和国家战略全局出发,高度重视党支部建设,要求把全面从严治党落实到每个支部、每名党员,推动全党形成了大抓基层、大抓支部的良好态势,取得了明显成效。2018年10月,中共中央印发了《中国共产党支部工作条例(试行)》,为加强新时代党支部建设提供了制度保证和基本遵循,在党支部建设史上具有里程碑意义。

---

① 《毛泽东选集》第1卷,人民出版社1991年版,第65—66页。

新时代交通运输部系统党支部建设

强国必先强党,强党必须强基。党的百年奋斗历史启示我们,只有把党支部全面建强,夯实党长期执政的组织基础,才能把我们党建设得更加坚强有力,才能成功走好实现第二个百年奋斗目标新的赶考之路。在任何时候、任何情况下,党支部建设只能加强、不能削弱,任何轻视、削弱党支部建设的做法都是错误的。重视党支部、善抓党支部,是我们党把握历史主动、总结历史规律,以史为鉴、开创未来,全面推进党的建设新的伟大工程的历史自觉。从这个意义上说,交通运输部系统各级党组织必须以更强烈的责任担当,以伟大的历史主动精神,弘扬"支部建在连上"的光荣传统,把党支部建设放在更加突出的位置,一以贯之持续用力、久久为功抓好党支部建设。

★ 三湾改编旧址

二、推动全面从严治党向基层延伸的应有之义

当今世界正经历百年未有之大变局,我国正处于实现中华民族伟大复兴关键时期。党面临的国内外环境、社会主要矛盾、发展阶段和发展任务、工作对象和工作条件均发生了深刻变化,各种矛盾风险挑战相互交织叠加,这对我们党长期执政能力和领导水平是新的考验。党的建设历来同党的政治路线和中心任务紧密联系在一起。党的十九大报告提出,实现伟大梦想,必须进行伟大斗争、建设伟大工程、推进伟大事业。"四个伟大"是有机统一的整体,其中起决定性作用的是党的建设新的伟大工程。必须以更大力度推进党的建设新的伟大工程,推动全面从严治党向纵深发展,确保党始终不变质、不变色、不变味,确保党始终走在时代前列、得到人民衷心拥护。

党的十八大以来,以习近平同志为核心的党中央推动党和国家事业取得历史性成就、发生历史性变革,全面从严治党成效卓著。交通运输部系统各级党组织以习近平新时代中国特色社会主义思想为指导,坚持和加强党的领导和党的建设,推动党建和业务工作深度融合,推动全面从严治党向纵深发展,为推动交通运输高质量发展提供了坚强政治保证。伟大斗争的长期性、复杂性、艰巨性,决定了全面从严治党的长期性、复杂性、艰巨性。要把管党治党阶段性成果"起势"形成"定势","优势"转为"胜势",需要经历一个砥砺淬炼的过程,需要在巩固中深化,在深化中提升,乘胜前进、顺势而为,推动全面从严治党向纵深发展。基层党组织本身具有分布的广泛性、组织的严密性、特定的政治性的特点,决定了其在推动全面从严治党向纵深发展的独特地位和作用。全面从严治党向基层延伸,必须强化基层

党组织的政治功能,提升基层党组织的组织力,使全面从严治党获得更持久的动力。

★ 党的四大通过的《对于组织问题之议决案》(局部)

"欲筑室者,先治其基。"习近平总书记指出:"只有基层党组织坚强有力,党员发挥应有作用,党的根基才能牢固,党才能有战斗力。"① 当前,从实践中看,党的领导落实到基层还有不少"中梗阻",有的基层单位还需要进一步理顺体制、完善机制,一些新兴业态、新

---

① 《习近平谈治国理政》第 2 卷,外文出版社 2017 年版,第 173 页。

第一章　新时代交通运输部系统党支部建设总论

兴领域党的建设还没有真正破题，基层党建弱化、虚化、边缘化等问题在一定程度上客观存在。推动交通运输部系统全面从严治党向纵深发展，就必须打通"最后一公里"，就要对交通运输部系统党支部设置、基本任务、工作机制、组织生活、支部委员会建设及领导和保障等作出更加严密、严肃、严格、严明的要求，推动党的建设严到基层，党支部工作严在经常、严出质量，从而为全面从严治党打牢坚实基础。

三、巩固党执政的组织基础作出交通运输贡献的必然要求

党的力量来自组织。列宁指出："无产阶级在争取政权的斗争中，除了组织，没有别的武器。"① 在长期的革命、建设、改革的进程中，我们党形成了由中央组织、地方组织和基层组织共同构成的严密而完整的组织体系，这是世界上任何一个政党所无法比拟的，也是我们党强大的政治优势和力量所在。习近平总书记指出："党的全面领导、党的全部工作要靠党的坚强组织体系去实现。"② "党中央是大脑和中枢，党中央必须有定于一尊、一锤定音的权威，这样才能'如身使臂，如臂使指，叱咤变化，无有留难，则天下之势一矣'。"③ "党的地方组织的根本任务是确保党中央决策部署贯彻落实，有令即行、有禁即止。"④ "加强党的基层组织建设，关键是从严抓好落实。"⑤ 因此，建

---

① 《列宁全集》第8卷，人民出版社1986年版，第415页。
② 习近平：《在全国组织工作会议上的讲话》，人民出版社2018年版，第11页。
③ 习近平：《在全国组织工作会议上的讲话》，人民出版社2018年版，第12页。
④ 习近平：《在全国组织工作会议上的讲话》，人民出版社2018年版，第12页。
⑤ 习近平：《在全国组织工作会议上的讲话》，人民出版社2018年版，第13页。

强党的组织体系，巩固党长期执政的组织基础，必须树立大抓基层的鲜明导向，大力加强基层党组织建设。

"九层之台，起于累土。"当前，交通运输部系统各级党组织全面贯彻新时代党的组织路线，一项重要要求就是"以组织体系建设为重点"。习近平总书记强调："建设好党的组织体系这座大厦，要让组织体系的经脉气血畅通起来，让党支部强起来。"[①] 把新时代交通运输部系统党支部建设放在更加突出的位置，将使党的组织体系建设从最基础一环严起来、实起来、规范起来，为增强党的政治领导力、思想引领力、群众组织力、社会号召力打下坚实基础，提供重要支撑，作出交通运输贡献。

四、加快建设交通强国、当好中国现代化的开路先锋的重要保证

在中华民族 5000 多年的文明历史中，交通运输是经济的脉络和文明的纽带。历史上，古丝绸之路、京杭大运河等极大促进了经济发展和文化交流。1840 年鸦片战争以后，中国逐步成为半殖民地半封建社会，铁路修筑权、港口经营权、江海运输权等重要经济命脉被外国列强操纵。1921 年，中国共产党应运而生，这是开天辟地的大事变。新民主主义革命时期，党团结带领人民积极发展交通运输事业，为改变交通基础薄弱、整体落后的局面创造了根本条件。社会主义革命和建设时期，党团结带领人民建设发展了新中国交通运输体系，为建设交通大国打下了坚实基础。改革开放和社会主义现代化建设新时期，党

---

① 习近平：《在中央和国家机关党的建设会议上的讲话》，《求是》2019 年第 21 期。

第一章 新时代交通运输部系统党支部建设总论

团结带领人民大力解放和发展交通运输生产力，着力建设综合交通运输体系，基本建成了交通大国。中国特色社会主义进入新时代，党团结带领人民加快构建现代综合交通运输体系，建成了名副其实的交通大国，正在加快建设交通强国。党中央高度重视交通运输事业发展，习近平总书记多次作出重要指示批示。党的十九大明确提出要建设交通强国。党中央、国务院先后印发《交通强国建设纲要》和《国家综合立体交通网规划纲要》，明确交通运输服务实现第二个百年奋斗目标的战略目标、重点任务和政策举措，为加快建设交通强国擘画了蓝图。

> **延伸阅读**
>
> 2021年12月，国务院印发《"十四五"现代综合交通运输体系发展规划》，明确到2025年，综合交通运输基本实现一体化融合发展，智能化、绿色化取得实质性突破，综合能力、服务品质、运行效率和整体效益显著提升，交通运输发展向世界一流水平迈进。

2021年10月14日至16日，第二届联合国全球可持续交通大会在北京成功召开，习近平总书记发表题为《与世界相交 与时代相通 在可持续发展道路上阔步前行》的主旨讲话，他强调："新中国成立以来，几代人逢山开路、遇水架桥，建成了交通大国，正在加快建设交通强国。"[①] "我们坚持创新引领，高铁、大飞机等装备制造实现重

---

① 习近平：《与世界相交 与时代相通 在可持续发展道路上阔步前行——在第二届联合国全球可持续交通大会开幕式上的主旨讲话》，人民出版社2021年版，第5页。

新时代交通运输部系统党支部建设

大突破，新能源汽车占全球总量一半以上，港珠澳大桥、北京大兴国际机场等超大型交通工程建成投运，交通成为中国现代化的开路先锋。"[1] 这既是对交通发展成就的充分肯定，更是莫大鼓励，也为新时代交通发展赋予了新使命和新定位。

完成交通强国建设的历史使命、当好中国现代化的开路先锋，首要前提是坚持和加强党的全面领导，确保党对交通运输事业的全面领导落实落地。党和人民事业发展到什么阶段，党的建设就要推进到什么阶段。只有全面加强交通运输部系统党的建设，建强交通运输部系统党支部战斗堡垒，坚定不移推进全面从严治党向纵深发展，营造风清气正的良好政治生态，才能全面提升交通运输部系统党支部围绕中心、建设队伍、服务群众的能力和本领，才能为加快建设交通强国、当好中国现代化的开路先锋提供坚强政治保证和组织保证。

延伸阅读

党的十九届五中全会通过的《中共中央关于制定国民经济和社会发展第十四个五年规划和二〇三五年远景目标的建议》提出，加快建设交通强国，完善综合运输大通道、综合交通枢纽和物流网络，加快城市群和都市圈轨道交通网络化，提高农村和边境地区交通通达深度。这是党中央立足国情、着眼全局、面向未来作出的重大部署，标志着交通强国建设迈上新征程。

---

[1] 习近平：《与世界相交 与时代相通 在可持续发展道路上阔步前行——在第二届联合国全球可持续交通大会开幕式上的主旨讲话》，人民出版社2021年版，第5页。

第一章　新时代交通运输部系统党支部建设总论

第二节　新时代交通运输部系统党支部的职责任务

加强新时代交通运输部系统党支部建设，必须紧紧围绕新时代党支部是什么、要干什么这一根本问题，牢牢把握新时代党支部的功能定位、职责任务，固本强基，集聚力量。

一、新时代赋予党支部新的功能定位

中共中央印发的《中国共产党支部工作条例（试行）》第一章第二条界定了党支部的功能定位，即：党支部是党的基础组织，是党组织开展工作的基本单元，是党在社会基层组织中的战斗堡垒，是党的全部工作和战斗力的基础。"党支部是党的基础组织，是党组织开展工作的基本单元"，这一概括明确了党支部在党的整个组织体系中的基础性地位。"党支部是党在社会基层组织中的战斗堡垒，是党的全部工作和战斗力的基础"，这一概括明确了党支部在社会基层组织中的重要作用，强调了党的工作必须落实到支部层面，发挥好党支部的战斗堡垒作用。

地基固则大厦坚，地基松则大厦倾。新的征程上，要牢牢把握党支部基础组织这一定位，运用好党支部这个开展工作的基本单元，发挥好党支部的坚强堡垒作用，发挥好党支部的凝聚力战斗力创造力，夯实交通运输部系统党的建设高质量发展的基础，推动党中央重大决策部署在交通运输落地生根，完成加快建设交通强国、当好中国现代化开路先锋的历史使命。

新时代交通运输部系统党支部建设

> **延伸阅读**
>
> 1939年12月,毛泽东同志提出,支部"尤其应当成为连队的坚强堡垒"。刘少奇同志在党的七大总结党组织建设经验,阐述了"战斗堡垒"思想,指出党的基层组织要成为党在这个工厂、矿山、机关和学校等群众中的战斗的堡垒。[①] 十二大党章规定:"党的基层组织是党在社会基层组织中的战斗堡垒。"这一规定一直延续至今。

二、履行党支部的职责

党章第三十四条规定,党支部"担负直接教育党员、管理党员、监督党员和组织群众、宣传群众、凝聚群众、服务群众的职责"。《中国共产党支部工作条例(试行)》第一章第二条规定,党支部"担负直接教育党员、管理党员、监督党员和组织群众、宣传群众、凝聚群众、服务群众的职责"。这是我们党对新时代党支部职责的高度概括,深刻阐明了党支部与党员的关系、党支部与群众的关系,内在地规定了党支部的基本属性。

加强党员教育管理监督是党的建设的基础性经常性工作。交通运输部系统党支部履行直接教育党员的职责,就是要落实党员教育基本任务,教育引导党员深入学习党的创新理论,学习贯彻习近平新时代中国特色社会主义思想特别是习近平总书记关于交通运输工作的重要

---

① 《党的十九大报告学习辅导百问》,党建读物出版社、学习出版社2017年版,第208页。

第一章　新时代交通运输部系统党支部建设总论

论述，坚持读原著、学原文、悟原理，做到学思用贯通、知信行统一，把学习成果转化为立足新发展阶段、贯彻新发展理念、构建新发展格局、推动高质量发展的生动实践。履行直接管理党员的职责，就是要坚持"三会一课"、主题党日、组织生活会、民主评议党员、专题党性分析、谈心谈话等基本制度，引导广大党员履行党员义务、发挥先锋模范作用。履行直接监督党员的职责，就是要通过严格组织生活、听取群众意见、检查党员工作等多种方式，监督党员遵守党章党规党纪特别是政治纪律和政治规矩情况，遵守宪法法律法规和道德规范情况，参加组织生活情况，履行党员义务、联系服务群众、发挥先锋模范作用情况等。发现党员有思想、工作、生活、作风和纪律方面苗头性倾向性问题的，以及群众对其有不良反映的，及时进行提醒谈话，抓早抓小、防微杜渐。

交通运输部系统党支部是党在交通运输的基础组织，担负着直接组织群众、宣传群众、凝聚群众、服务群众的重要职责。履行组织群众的职责，就是要发挥好党的组织功能、组织优势、组织力量，特别是在急难险重任务中，在加快建设交通强国、建设人民满意交通主战场，把交通运输部系统群众组织起来、团结起来。履行宣传群众的职责，就是要真正做到"一切为了群众，一切依靠群众，从群众中来，到群众中去，把党的正确主张变为群众的自觉行动"。履行凝聚群众的职责，就是要深入基层调查研究，摸实情、听民声、问民计，努力做到哪里有群众，哪里就有党的工作。履行服务群众的职责，就是要时刻把群众的安危冷暖挂在心上，既要聚焦当下民生难题，努力办好服务民生实事，也要着眼实现共同富裕，不断提升交通运输发展的平衡性、协调性、包容性，在发展中保障和改善民生，奋力建设人民满意交通。

三、落实党支部的基本任务和重点任务

《中国共产党支部工作条例（试行）》第三章第九条规定了党支部的八项基本任务，第十条规定了不同领域党支部承担各自领域的重点任务。全面加强党支部建设，需要根据交通运输机关、企业、事业、离退休干部职工等党支部不同类型特点，从实际出发，区别不同情况，厘清单位属性，加强分类指导，推动不同领域党支部认真落实各项任务。应遵循各有侧重、灵活多变的原则，区分不同领域党支部任务差别，实现具体化、精准化、差异化指导。要善于抓两头带中间，注重通过带头示范、工作交流、联学联建、典型培树，发挥先进党支部的示范带动作用，突出整顿后进党支部，使后进赶先进、中间争先进、先进更前进，持续引导推动党支部提高工作水平，形成加快建设交通强国、奋力当好中国现代化的开路先锋的强大合力。

延伸阅读

《中国共产党支部工作条例（试行）》指出，不同领域党支部除了承担基本任务，还分别承担各自领域的重点任务。如：国有企业和集体企业中的党支部，保证监督党和国家方针政策的贯彻执行，围绕企业生产经营开展工作，按规定参与企业重大问题的决策，服务改革发展、凝聚职工群众、建设企业文化，创造一流业绩；高校中的党支部，保证监督党的教育方针贯彻落实，巩固马克思主义在高校意识形态领域的指导地位，加强思想政治引领，筑牢学生理想信念根基，落实立德树人根本任务，保证教学科研管理各项任务完成；非公有制经济组织中的

党支部，引导和监督企业严格遵守国家法律法规，团结凝聚职工群众，依法维护各方合法权益，建设企业先进文化，促进企业健康发展；社会组织中的党支部，引导和监督社会组织依法执业、诚信从业，教育引导职工群众增强政治认同，引导和支持社会组织有序参与社会治理、提供公共服务、承担社会责任；事业单位中的党支部，保证监督改革发展正确方向，参与重要决策，服务人才成长，促进事业发展；事业单位中发挥领导作用的党支部，对重大问题进行讨论和作出决定；各级党和国家机关中的党支部，围绕服务中心、建设队伍开展工作，发挥对党员的教育、管理、监督作用，协助本部门行政负责人完成任务、改进工作；流动党员党支部，组织流动党员开展政治学习，过好组织生活，进行民主评议，引导党员履行党员义务，行使党员权利，充分发挥作用，对组织关系不在本党支部的流动党员民主评议等情况，应当通报其组织关系所在党支部；离退休干部职工党支部，宣传执行党的路线方针政策，根据党员实际情况，组织参加学习，开展党的组织生活，听取意见建议，引导他们结合自身实际发挥作用。

第三节 新时代交通运输部系统党支部建设要有新气象新作为

新时代是奋斗者的时代。要有更高的境界、更强的本领、更优的

新时代交通运输部系统党支部建设

作风、更好的精神状态,埋头苦干、勇毅前行,在新时代新征程上展现新气象新作为,不断把交通运输部系统党支部建设推向前进。

一、以习近平新时代中国特色社会主义思想为科学指引

伟大的时代孕育伟大的思想,伟大的思想引领伟大的时代。习近平新时代中国特色社会主义思想是当代中国马克思主义、二十一世纪马克思主义,是中华文化和中国精神的时代精华,实现了马克思主义中国化新的飞跃。加强新时代交通运输部系统党支部建设,必须深入学习贯彻习近平新时代中国特色社会主义思想,坚持不懈以习近平新时代中国特色社会主义思想特别是习近平总书记关于新时代党支部建设的重要论述为指引。

党的十八大以来,习近平总书记在不同场合就新时代党支部建设发表了一系列重要论述。关于党支部是党的基础组织,是党全部工作和战斗力的基础方面。习近平总书记强调:"基层是党的执政之基、力量之源。只有基层党组织坚强有力,党员发挥应有作用,党的根基才能牢固,党才能有战斗力。"[①] 关于树立党的一切工作到支部的鲜明导向方面。习近平总书记强调,树立党的一切工作到支部的鲜明导向,注重把思想政治工作落到支部,把从严教育管理党员落到支部,把群众工作落到支部。[②] 关于党支部职责任务方面。习近平总书记指出,"党支部要担负好直接教育党员、管理党员、监督党员和

[①] 《习近平谈治国理政》第2卷,外文出版社2017年版,第173页。
[②] 《十八大以来重要文献选编》(下),中央文献出版社2018年版,第678页。

第一章　新时代交通运输部系统党支部建设总论

组织群众、宣传群众、凝聚群众、服务群众的职责，引导广大党员发挥先锋模范作用。"① 关于激活基层党组织，增强基层组织力方面。习近平总书记指出："必须激活基层党组织，增强基层组织力。行之有效的制度要坚持、要落实，同时要针对新情况新问题以改革创新精神补齐制度短板，健全制度，有力执行，真正使党的组织生活和党员教育管理严起来、实起来。"② 习近平总书记强调，"要加强支部标准化、规范化建设。""要强化政治引领，发挥党的群众工作优势和党员先锋模范作用，引领基层各类组织自觉贯彻党的主张，确保基层治理正确方向。"③ 关于抓住"关键少数"，发挥先进典型示范作用方面。习近平总书记强调："要抓住'关键少数'，抓实基层支部，坚持问题导向，发挥先进典型示范作用。"④ 这些重要论述鲜明指出了新时代党支部的功能地位、职责使命，深刻回答了在新时代建设什么样的党支部、怎样建设新时代党支部这个基本问题，为加强新时代党支部建设指明了前进方向、提供了根本遵循。

二、以《中国共产党支部工作条例（试行）》为基本遵循

2018年，中共中央印发《中国共产党支部工作条例（试行）》，并发出通知，要求各地区各部门认真遵照执行。《中国共产党支部工作条例（试行）》以习近平新时代中国特色社会主义思想为指导，贯

---

① 《习近平谈治国理政》第3卷，外文出版社2020年版，第51页。
② 《习近平关于全面从严治党论述摘编》，中央文献出版社2016年版，第36页。
③ 习近平：《在全国组织工作会议上的讲话》，人民出版社2018年版，第14页。
④ 《习近平谈治国理政》第2卷，外文出版社2017年版，第174页。

彻党章要求，既弘扬"支部建在连上"的光荣传统，又体现基层创造的新做法新经验，对党支部工作作出全面规范，是新时代党支部建设的基本遵循。《中国共产党支部工作条例（试行）》的制定和实施，对于加强党的组织体系建设，推动全面从严治党向基层延伸，全面提升党支部组织力，强化党支部政治功能，巩固党长期执政的组织基础，具有十分重要的意义。

2019年5月，中共交通运输部党组研究制定《中共交通运输部党组关于全面加强新时代党支部建设的意见》。《中共交通运输部党组关于全面加强新时代党支部建设的意见》对全面加强新时代党支部建设的重要意义、总体要求、重点任务、能力水平、领导保障等作出了具体部署，为交通运输部系统各级党组织全面落实新时代党的建设总要求和新时代党的组织路线，强化党支部政治功能，把政治标准和政治要求贯穿党支部各项建设，建强组织体系、落实管党治党任务、提升党建工作成效，提供了重要安排。

加强新时代交通运输部系统党支部建设，必须贯彻落实《中国共产党支部工作条例（试行）》《中共交通运输部党组关于全面加强新时代党支部建设的意见》，把党支部建设作为最重要的基本建设，作为党的组织体系建设的基本内容、管党治党的基本任务、检验党建工作成效的基本标准，严格遵循党支部工作原则，严格履行党支部基本任务，严格执行党支部工作机制，严格执行组织生活制度，有力领导和保障党支部工作。

三、以推进交通强国建设为着力点

建设交通强国是以习近平同志为核心的党中央立足国情、着眼全局、面向未来作出的重大战略决策，是建设现代化经济体系的先行领域，是全面建成社会主义现代化强国的重要支撑，是新时代做好交通工作的总抓手，也是我们这一代交通人的新的历史使命。加强新时代交通运输部系统党支部建设，必须以推进交通强国建设为着力点，坚持党建与业务深度融合，坚持层层落实责任、分类精准施策，坚持问题导向、久久为功，在加快建设交通强国、奋力当好中国现代化开路先锋的进程中，推动党支部建设全面进步、全面过硬。

四、以自我革命精神推向前进

党的十九届六中全会审议通过的《中共中央关于党的百年奋斗重大成就和历史经验的决议》指出："自我革命精神是党永葆青春活力的强大支撑。先进的马克思主义政党不是天生的，而是在不断自我革命中淬炼而成的。党历经百年沧桑更加充满活力，其奥秘就在于始终坚持真理、修正错误。"[①] 中国特色社会主义进入新时代，党面临的执政考验、改革开放考验、市场经济考验、外部环境考验依然是长期的、复杂的，党面临的精神懈怠危险、能力不足危险、脱离群众危险、消极腐败危险依然是尖锐的、严峻的，全面从严治党永远在路上。必须增强政治意识、大局意识、核心意识、看齐意识，贯彻落实新时代党的建设总要求，突出政治建设的统领地位，全面推进政治建设、思想建设、组织建设、作风建设、纪律建设，把制度建设贯穿其中，深入

---

① 《中共中央关于党的百年奋斗重大成就和历史经验的决议》，人民出版社2021年版，第70页。

推进反腐败斗争。必须外靠发展人民民主、接受人民监督，内靠全面从严治党、推进自我革命，进一步增强自我净化、自我完善、自我革新、自我提高的能力。必须要以刀刃向内的自我革命精神，以永远在路上的执着，进一步把交通运输部系统党支部建设好、建设强，为加快建设交通强国、当好中国现代化的开路先锋提供坚强的政治保证和组织保证。

延伸阅读

党的十九届六中全会审议通过的《中共中央关于党的百年奋斗重大成就和历史经验的决议》概括了具有根本性和长远指导意义的十条历史经验，即坚持党的领导、坚持人民至上、坚持理论创新、坚持独立自主、坚持中国道路、坚持胸怀天下、坚持开拓创新、坚持敢于斗争、坚持统一战线、坚持自我革命。这十条历史经验是系统完整、相互贯通的有机整体，揭示了党和人民事业不断成功的根本保证，揭示了党始终立于不败之地的力量源泉，揭示了党始终掌握历史主动的根本原因，揭示了党永葆先进性和纯洁性、始终走在时代前列的根本途径。这十条历史经验是经过长期实践积累的宝贵经验，是党和人民共同创造的精神财富，必须倍加珍惜、长期坚持，并在新时代实践中不断丰富和发展。

第二章　把政治建设摆在首位

政治属性是政党的根本属性。马克思主义经典作家认为，如果马克思主义政党政治上的先进性丧失了，党的先进性和纯洁性就无从谈起。习近平总书记指出："我们党历来注重从政治上建设党。"[①] 新时代党的建设总要求提出，以党的政治建设为统领，把党的政治建设作为根本性建设。加强新时代交通运输部系统党支部建设，必须把政治建设摆在首位，深刻认识"两个确立"的决定性意义，不断增强做到"两个维护"的政治自觉、思想自觉、行动自觉。

---

① 《习近平谈治国理政》第3卷，外文出版社2020年版，第92页。

第一节　坚决做到"两个维护"

坚决维护习近平总书记党中央的核心、全党的核心地位，坚决维护党中央权威和集中统一领导，是保证全党团结统一、步调一致，带领全国各族人民实现第二个百年奋斗目标、奋力夺取新时代中国特色社会主义伟大胜利的根本政治保证。做到"两个维护"，是最大的政治、最大的大局，也是加强新时代交通运输部系统党支部建设的首要任务。

一、深刻认识"两个确立"的决定性意义，切实增强做到"两个维护"的政治自觉、思想自觉、行动自觉

习近平总书记指出："党的历史、新中国发展的历史都告诉我们：要治理好我们这个大党、治理好我们这个大国，保证党的团结和集中统一至关重要，维护党中央权威至关重要。"[1] 维护党中央权威和集中统一领导，是方向性、原则性问题，是我们党的首要政治规矩，关系党、民族、国家前途命运。

习近平总书记党中央的核心、全党的核心地位，是在新的伟大斗争实践中形成的。党的十八大以来，习近平总书记在领导新时代党和国家事业发展中，在审视和把握日益错综复杂的国内外发展大势中，在带领全党全国各族人民奋进新时代的伟大实践中，战略判断高瞻远瞩，政治领导娴熟高超，人民立场鲜明坚定，历史担当强烈坚定，充分证明不愧为党中央的核心、全党的核心。

党的十九届六中全会审议通过的《中共中央关于党的百年奋斗重

---

[1] 《习近平谈治国理政》第2卷，外文出版社2017年版，第188页。

第二章　把政治建设摆在首位

大成就和历史经验的决议》指出："党确立习近平同志党中央的核心、全党的核心地位，确立习近平新时代中国特色社会主义思想的指导地位，反映了全党全军全国各族人民共同心愿，对新时代党和国家事业发展、对推进中华民族伟大复兴历史进程具有决定性意义。"① 确立习近平同志党中央的核心、全党的核心地位，是时代呼唤、历史选择、民心所向。坚定拥护和维护习近平总书记的核心地位，全党就有定盘星，全国人民就有主心骨，中华"复兴号"巨轮就有掌舵者，面对惊涛骇浪我们就能够做到"任凭风浪起、稳坐钓鱼船"。确立习近平新时代中国特色社会主义思想的指导地位，我们党就能在中华民族伟大复兴战略全局和世界百年未有之大变局深度演进互动的复杂条件下，坚持正确前进方向，乘风破浪不迷航；就能始终把握发展规律，运用科学世界观和方法论谋划事业发展、应对风险挑战，带领全国各族人民不断开辟中华民族伟大复兴的光明前景。

交通运输部系统党支部要教育引导党员干部深刻认识"两个确立"的决定性意义，增强"四个意识"，坚定"四个自信"，做到"两个维护"。要提高政治站位，强化政治责任，保持政治定力，把准政治方向，提高政治能力，不断增强拥护核心、跟随核心、捍卫核心的政治自觉思想自觉行动自觉。

二、坚决贯彻落实党中央决策部署和习近平总书记重要指示批示精神

习近平总书记指出："中央和国家机关是践行'两个维护'的第

---

① 《中共中央关于党的百年奋斗重大成就和历史经验的决议》，人民出版社2021年版，第26页。

新时代交通运输部系统党支部建设

一方阵。如果党的理论和路线方针政策在这里失之毫厘,到了基层就可能谬以千里;如果贯彻落实的第一棒就掉了链子,'两个维护'在'最先一公里'就可能落空。"① 中央和国家机关作为"贯彻落实"、传递接力棒的第一方阵,必须按照党中央的部署要求推动落实,切实做到"两个维护"。交通运输部肩负着践行"两个维护"、贯彻落实党中央决策部署"最初一公里"的职责,必须旗帜鲜明讲政治,坚定不移向党中央看齐,向党的理论和路线方针政策看齐,向党中央决策部署看齐,把准政治方向,认真对标对表,及时校正偏差,自觉在思想上政治上行动上同以习近平同志为核心的党中央保持高度一致,坚决贯彻党的基本理论、基本路线、基本方略,坚决落实党中央决策部署,做到不折不扣、令行禁止。

把贯彻落实习近平总书记关于交通运输工作的重要论述和指示批示精神作为践行"两个维护"的试金石。党的十八大以来,以习近平同志为核心的党中央高度重视交通运输工作,习近平总书记对交通运输作出系列重要论述,科学回答了交通运输的发展定位、发展方向、发展重点等重大问题,深刻阐明了交通运输在国民经济中先导性、基础性、战略性和服务性的功能属性,明确了交通当好中国现代化的开路先锋的历史新定位,赋予了建设交通强国的历史新使命。特别是习近平总书记在第二届联合国全球可持续交通大会开幕式上发表的主旨讲话,深刻回答了事关交通运输高质量发展的一系列重大理论和实践问题,"五个坚持"主张为推动我国交通运输高质量发展指明了方向,提供了根本遵循。交通运输部系统党支部要坚决贯彻落实习近平

---

① 习近平:《在中央和国家机关党的建设会议上的讲话》,《求是》2019 年第 21 期。

第二章 把政治建设摆在首位

总书记重要论述和指示批示精神，对习近平总书记关于交通运输工作的重要指示批示，逐件学习传达、研究贯彻、狠抓落实，避免执行和落实中"时差、温差、偏差、落差"等跑偏现象，确保件件有着落、事事有回音。

> **延伸阅读**
>
> 交通是经济的脉络和文明的纽带。纵观世界历史，从古丝绸之路的驼铃帆影，到航海时代的劈波斩浪，再到现代交通网络的四通八达，交通推动经济融通、人文交流，使世界成了紧密相连的"地球村"。
>
> 当前，百年变局和世纪疫情叠加，给世界经济发展和民生改善带来严重挑战。我们要顺应世界发展大势，推进全球交通合作，书写基础设施联通、贸易投资畅通、文明交融沟通的新篇章。
>
> 第一，坚持开放联动，推进互联互通。
>
> 第二，坚持共同发展，促进公平普惠。
>
> 第三，坚持创新驱动，增强发展动能。
>
> 第四，坚持生态优先，实现绿色低碳。
>
> 第五，坚持多边主义，完善全球治理。
>
> ——摘自习近平：《与世界相交　与时代相通　在可持续发展道路上阔步前行——在第二届联合国全球可持续交通大会开幕式上的主旨讲话》（2021年10月14日）

三、坚决贯彻执行保障"两个维护"的制度机制

"两个维护"绝不是空洞的口号,而是具体的、实践的。把"两个维护"落到实处,要坚决贯彻执行相关工作制度机制。交通运输部系统党支部要贯彻落实《中国共产党重大事项请示报告条例》,严格执行《中共交通运输部党组关于维护党中央集中统一领导的规定》《中共交通运输部党组贯彻落实〈中共中央关于加强党的政治建设的意见〉的实施意见》,教育引导党员干部坚决做到"五个必须"、防止"七个有之",坚决防止和纠正"两个维护"中的简单化、片面化、绝对化、功利化倾向,决不允许搞任何形式的"低级红""高级黑",决不允许对党中央阳奉阴违做两面人、搞两面派、搞"伪忠诚"。

> **延伸阅读**
>
> 在这种观念支配下,一些人无视党的政治纪律和政治规矩,为了自己的所谓仕途,为了自己的所谓影响力,搞任人唯亲、排斥异己的有之,搞团团伙伙、拉帮结派的有之,搞匿名诬告、制造谣言的有之,搞收买人心、拉动选票的有之,搞封官许愿、弹冠相庆的有之,搞自行其是、阳奉阴违的有之,搞尾大不掉、妄议中央的也有之,如此等等。有的人已经到了肆无忌惮、胆大妄为的地步!而这些问题往往没有引起一些地方和部门党组织的注意,发现了问题也没有上升到党纪国法高度来认识和处理。这是不对的,必须加以纠正。
>
> ——摘自习近平在中共十八届四中全会第二次全体会议上的讲话(2014年10月23日)

第二章 把政治建设摆在首位

> **延伸阅读**
>
> 当前,遵守政治纪律和政治规矩,重点要做到以下5个方面。一是必须维护党中央权威,决不允许背离党中央要求另搞一套,全党同志特别是各级领导干部在任何时候任何情况下都必须在思想上政治上行动上同党中央保持高度一致,听从党中央指挥,不得阳奉阴违、自行其是,不得对党中央的大政方针说三道四,不得公开发表同中央精神相违背的言论。二是必须维护党的团结,决不允许在党内培植私人势力,要坚持五湖四海,团结一切忠实于党的同志,团结大多数,不得以人划线,不得搞任何形式的派别活动。三是必须遵循组织程序,决不允许擅作主张、我行我素,重大问题该请示的请示,该汇报的汇报,不允许超越权限办事,不能先斩后奏。四是必须服从组织决定,决不允许搞非组织活动,不得跟组织讨价还价,不得违背组织决定,遇到问题要找组织、依靠组织,不得欺骗组织、对抗组织。五是必须管好亲属和身边工作人员,决不允许他们擅权干政、谋取私利,不得纵容他们影响政策制定和人事安排、干预正常工作运行,不得默许他们利用特殊身份谋取非法利益。
>
> ——摘自习近平:《守纪律,讲规矩》(2015年1月13日),《习近平谈治国理政》第2卷,外文出版社2017年版,第154—155页

四、深入创建模范机关

创建"让党中央放心、让人民群众满意的模范机关",是贯彻落

新时代交通运输部系统党支部建设

习近平总书记在中央和国家机关党的建设工作会议上的重要讲话精神的具体部署，是推进中央和国家机关党的建设的重要举措。2019年7月，习近平总书记在中央和国家机关党的建设工作会议上指出，在深入学习贯彻新时代中国特色社会主义思想上作表率，在始终同党中央保持高度一致上作表率，在坚决贯彻落实党中央各项决策部署上作表率，建设让党中央放心、让人民群众满意的模范机关。①

落实好"讲政治、守纪律、负责任、有效率"新要求。2020年6月，习近平总书记在十九届中央政治局第二十一次集体学习时强调："中央和国家机关是贯彻落实党中央决策部署的'最初一公里'，不能出现'拦路虎'，要认真贯彻执行党组工作条例和党的工作机关条例，把中央和国家机关建设成为讲政治、守纪律、负责任、有效率的模范机关。"② 讲政治，就是要永葆中央和国家机关作为政治机关的鲜明本色，坚决做到"两个维护"，这是建设模范机关的灵魂。守纪律，就是要把纪律和规矩立起来、严起来，执行起来，这是建设模范机关的底线要求。负责任，就是要对党和人民高度负责，这是建设模范机关的根本要求。有效率，就是要提高工作实效，提高办事效率，少讲空话、狠抓落实，这是建设模范机关的关键所在。建设模范机关，从来都不是孤立推进，而是辩证统一、综合施策、全面推进，共同有机统一于模范机关建设的伟大实践。

持续推动模范机关创建取得实效。坚持求真务实、久久为功，力戒形式主义，把党的政治建设要求贯彻落实到创建模范机关的各方面

---

① 习近平：《在中央和国家机关党的建设工作会议上的讲话》，《求是》2019年第21期。
② 习近平：《贯彻落实新时代党的组织路线 不断把党建设得更加坚强有力》，《求是》2020年第15期。

第二章　把政治建设摆在首位

和全过程。发挥模范机关建设常态化的引领作用，引导党员干部建言献策、攻坚克难，在创建模范机关上创先争优、展现作为。交通运输部系统党支部要激励广大党员干部牢固树立政治机关意识，走好践行"两个维护"第一方阵，深入开展模范机关创建工作，在统筹疫情防控和经济社会发展中发挥表率作用、作出重要贡献。

案例卡片

交通运输部人事教育司党支部坚持以习近平新时代中国特色社会主义思想为指引，以创建"让党中央放心、让人民群众满意的模范机关"为抓手，努力在打造"政治上绝对可靠、对党绝对忠诚"模范部门过硬队伍上走在前、作表率。

战疫情、当先锋。面对突如其来的新冠肺炎疫情，及时出台指导意见、加大选任力度，激励引导干部当先锋、打头阵、作表率。深刻、完整、全面认识党中央确定的疫情防控方针政策，毫不放松牵头抓好系统内部疫情防控，确保部机关、部属单位有序运转。

强支撑、显担当。打赢脱贫攻坚战、筹办第二届联合国全球可持续交通大会、推动党和国家机构改革……，努力做到中心工作推进到哪里，干部人才就调配到哪里，确保尽锐出战，为加快建设交通强国、当好中国现代化的开路先锋提供有力组织保证。

解难题、促改革。着眼解决干部职工关注热难点问题，与基层结对子、解难题，出台激励干部担当作为意见措施、深化

新时代交通运输部系统党支部建设

职称制度改革实施意见、大力发现培养选拔优秀年轻干部的实施意见、完成事业单位岗位设置调整等,受到基层欢迎。

重实践、提能力。打造"支部集中研学、小组交流联学、党员个人自学、群团积极参学"理论学习平台,通过"请进来讲、坐下来谈、走出去学",建好基础数据"一张表"、基本制度"一本账",做到基本情况"一口清",推动党员干部成为干部工作"政策通""活字典"。

支部先后多次被评为交通运输部系统先进基层党组织,1名同志被中央国家机关工委评为"优秀党务工作者",人事教育司被评为第二届联合国全球可持续交通大会筹办先进单位,1名同志被评为交通运输疫情防控先进个人,4名同志被评为交通运输脱贫攻坚先进个人,多名同志被评为优秀党务工作者、优秀共产党员。

推进模范机关创建制度化常态化。把模范机关创建中形成的好经验和有效做法用制度固定下来,以制度刚性不断深化巩固模范机关创建成果。增强制度回应问题的有效性,把制度落脚到深化巩固模范机关创建工作上,持之以恒加强制度建设,充分彰显以制度解决问题的鲜明导向,使制度有效管用,形成制度约束。健全工作机制,从制定方案、督促检查、动态管理、考核问责等方面加强组织、明确责任,抓好落实、务求实效,扎实推进模范机关建设常态化制度化科学化。

第二章 把政治建设摆在首位

案例卡片

交通运输部水运局党总支努力践行习近平总书记"讲政治、守纪律、负责任、有效率"要求,深化创建政治型、学习型、服务型、创新型、法治型、廉洁型"六型"机关,取得显著成效,2021年被评为"中央和国家机关创建模范机关先进单位""中央和国家机关先进基层党组织",连续两年被评为"交通运输部系统先进基层党组织"。

讲政治、建机制、促落实。心怀"国之大者",以实际行动践行"两个维护",近3年牵头主办的37件习近平总书记重要指示批示事项全面高质量完成,港口和航运高质量发展、长江经济带船舶和港口污染突出问题整治、重要能源物资水路运输保障和进口粮食接卸疏运、国际国内物流供应链稳定等重大专项任务,党史学习教育"1+6+3"办实事任务以及当前应对疫情保供稳链重大政治任务等均取得了突出成效。

守纪律、严制度、抓作风。深入打造"守纪律讲规矩 勇担责善作为"党建创先争优品牌,认真履行总支、支部全面从严治党主体责任和委员"一岗双责"责任,建立实施了权力运行党内监督制度,切实将纪律规矩落实到具体工作中。

负责任、提能力、强本领。创建"四强"党支部,深化"四看四抓"支部工作法,打造"书记委员讲党课""党员干部上讲台""青年干部下基层""业务骨干走出去""专家模范请进来"系列党建活动品牌,强化党建带团建,局团支部获"中央和国家机关五四红旗团支部""全国五四红旗团支部"称号,

> 党员干部履职能力和担当意识显著提升。
>
> 　　有效率、办实事、树先锋。健全"四同"机制，推动党建与业务融合，针对行业发展瓶颈问题和急难险重任务组建党员攻坚小组，培树评选"党员先锋处室""党员先锋岗"，百色水利枢纽通航设施建设、船舶靠港使用岸电等重点任务取得突破性进展，先后形成5篇案例经验文章在《旗帜》刊发。

第二节　严肃党内政治生活

党要管党，首先要从党内政治生活管起；从严治党，首先要从党内政治生活严起。新时代交通运输部系统党支部建设，必须严格执行《关于新形势下党内政治生活的若干准则》，把严肃政治生活作为加强政治建设的重要内容。

一、增强党内政治生活的政治性、时代性、原则性、战斗性

严肃党内政治生活、净化党内政治生态是伟大斗争、伟大工程的题中应有之义，是我们党坚持党的性质和宗旨的重要法宝，是我们党实现自我净化、自我完善、自我革新、自我提高的重要途径。要增强党内政治生活的政治性、时代性、原则性、战斗性，提高新时代交通运输部系统党支部政治生活的质量。

强化党内政治生活的政治性。把握坚定正确的政治方向，引导党

员干部自觉维护党中央权威、维护党的团结和集中统一。开展经常性政治教育，坚持和完善重温入党誓词、党员过"政治生日"等政治仪式，让党员干部经常接受政治体检，增强政治免疫力。坚持做到"四个服从"，即坚持党员个人服从党的组织、少数服从多数、下级组织服从上级组织、全党各个组织和全体党员服从党的全国代表大会和中央委员会。

强化党内政治生活的时代性。紧跟时代步伐、聆听时代声音、回答时代课题，及时发现和解决党内出现的新问题，使党内政治生活始终充满活力。坚持与时俱进和实事求是，坚持问题导向，适应时代要求，创新党组织活动内容方式，推广运用"学习强国"学习平台、支部工作APP，推进"智慧党建"。

强化党内政治生活的原则性。坚持党的思想原则、政治原则、组织原则、工作原则，按原则开展党的工作和活动、处理党内关系、解决党内矛盾和问题。落实谈心谈话、民主评议党员和党员领导干部双重组织生活等基本制度，提高组织生活会和"三会一课"质量。

强化党内政治生活的战斗性。开展批评和自我批评，坚持"七一"党性分析、违纪违法案件专题民主生活会和谈话函询事项在年度民主生活会作出说明等制度，建立健全民主生活会列席指导、及时叫停、责令重开、整改通报等制度。注重联系党员、干部工作实际，教育引导党员干部经常对照习近平新时代中国特色社会主义思想和党中央决策部署，对照党章党规，对照人民群众新期待，对照先进典型、身边榜样，查找自身在政治、思想、作风、能力、廉洁等方面存在的差距和不足，剖析问题根源，明确努力方向。

二、严明党的政治纪律和政治规矩

纪律严明是全党统一意志、统一行动、步调一致的重要保障，是党内政治生活的重要内容。政治纪律是各级党组织和全体党员在政治方向、政治立场、政治言论、政治行为方面必须遵守的刚性约束。在所有党的纪律和规矩中，第一位的是政治纪律和政治规矩。

严明党的政治纪律和政治规矩，首先要尊崇党章。党章是党的根本大法，是全面从严治党的总依据和总遵循，也是全体党员言行的总规矩和总遵循。不论是高级干部还是普通党员，要做合格党员，学习贯彻党章都是第一位的要求。交通运输部系统党支部要教育引导党员干部强化敬畏之心，把党章作为行为准则，经常检查和弥补自身不足，党员领导干部特别是要在坚定理想信念、坚持实事求是、推动科学发展、密切联系群众、加强道德修养、严守党的纪律等方面作出表率。把党章作为必修科目，全面掌握党章对党的性质、宗旨、指导思想、奋斗纲领和重大方针政策，对党员权利和义务，对党的制度和各级党组织的行为规范，对党的各级领导干部的基本条件，对党的纪律作出的明确规定，通过日常学习、专题培训等形式，组织党员学习，常读常新、融会贯通。把党章作为检视标尺，教育引导党员干部经常进行思想政治体检，同党中央要求"对标"，拿党章党规"扫描"，用人民群众新期待"透视"，同先辈先烈、先进典型"对照"，在宗旨意识、工作作风、廉洁自律上摆问题、找差距、明方向，不断叩问初心、守护初心，始终做到初心如磐、使命在肩，努力增强遵守党章的政治自觉、思想自觉、行动自觉。

党员干部必须在严守党的政治纪律和政治规矩上作表率。强化自我约束，特别要自觉规范工作时间之外的政治言行，不准散布违背党的理论和路线方针政策的言论，不准妄议中央，不准制造、传播政治谣言及丑化党和国家形象的言论，不准拉帮结派、搞团团伙伙，不准搞两面派、做两面人。加强教育警示，引导党员干部始终做政治上的明白人、老实人。对违反党的政治纪律和政治规矩的言行要坚决批评制止，问题严重的要严肃处理。

三、贯彻执行民主集中制的各项制度

坚持集体领导和个人分工负责相结合的制度。《关于新形势下党内政治生活的若干准则》强调，坚持集体领导制度，实行集体领导和个人分工负责相结合，是民主集中制的重要组成部分，必须始终坚持，任何组织和个人在任何情况下都不允许以任何理由违反这项制度。凡是涉及重大事项决策、重要干部任免、重大项目安排和大额资金使用等事项，都要经过集体讨论，充分发扬民主，并按照少数服从多数的原则形成决定。

严格执行请示报告制度。请示报告制度是执行民主集中制的有效工作机制。早在1948年，毛泽东同志就为党中央起草了《关于建立报告制度》的党内指示，接着党中央又发出《关于建立报告制度的补充指示》。这在党的政治建设上发挥了重要作用。党的十八大以来，党中央高度重视加强请示报告制度。2019年2月，党中央印发的《中国共产党重大事项请示报告条例》对什么是请示报告、谁向谁请示报告、请示报告什么、怎么请示报告等基本问题作出明确规定，为开展请示报告工作提供了基本遵循。作为干部特别是领导干部，在涉及重

大问题、重要事项时按规定向组织请示报告，这是必须遵守的规矩，也是检验一名干部合格不合格的试金石。交通运输部系统党支部要教育引导党员干部强化组织观念、程序观念，该请示的必须请示，该报告的必须报告，不能信马由缰、听之任之。

四、培育积极健康的党内政治文化

党内政治生活、政治生态、政治文化是相辅相成的，政治文化是政治生活的灵魂，对政治生态具有潜移默化的影响。习近平总书记强调："要注重加强党内政治文化建设，倡导和弘扬忠诚老实、光明坦荡、公道正派、实事求是、艰苦奋斗、清正廉洁等价值观，旗帜鲜明抵制和反对关系学、厚黑学、官场术、'潜规则'等庸俗腐朽的政治文化，不断培厚良好政治生态的土壤。"①

探索总结既符合党中央要求又接地气的价值理念、职业操守。教育引导党员、干部培育和践行社会主义核心价值观，在结合和融入上下功夫，使社会主义核心价值观深入人心，融入到交通运输建设管理服务的各项具体实践中，融入到制度设计、政策法规和行为规范中，使之成为全行业职工的价值追求和自觉行动。党员干部要坚持知行统一，作出表率、见诸行动，带头树立正确的世界观、人生观、价值观。在寻找发现基层"最美"的同时，以实际行动树立起最鲜明的旗帜和最重要的导向。

注重发挥先进典型的示范带头作用。先进典型是有形的正能量、鲜活的价值观，承载着时代主流精神诉求和价值取向。交通运输先进

---

① 《习近平谈治国理政》第2卷，外文出版社2017年版，第181页。

第二章 把政治建设摆在首位

典型在做好每一件小事、完成每一项任务、履行每一项神圣职责中彰显着交通精神，在平凡的岗位上成就了不平凡的事业。他们以忠诚担当，在伟大抗疫精神和伟大脱贫攻坚精神中写下交通人浓墨重彩的一笔，在服务人民中奏响了加快建设交通强国的时代最强音。交通运输部系统党支部要把培养选树先进典型作为一项经常性、长期性工作，及时发现和选树甘于奉献、不计名利、勇于担当、实绩突出的党员干部，用好典型活教材，用身边事教育身边人，引导党员干部立足岗位、创先争优，推动交通运输事业不断向前发展。

案例卡片

南海航海保障中心海口航标处西线航标管理站党支部由洋浦和八所航标管理站联合组成。近年来，党支部以临高党性锤炼基地为依托，利用百年灯塔所具备的深厚海洋及历史文化底蕴，挖掘灯守员王光民父子数十年来恪守"点亮自己 守护航程"的宝贵精神财富，着力培育临高灯塔"党旗飘"红色文化和"灯塔亮"交通海事航保蓝色文化，让广大党员在开展活动中启迪心灵、点亮心房，锤炼党性、照亮航程。

案例卡片

交通运输部北海第一救助飞行队飞行党支部坚持"一切为了救助 一切服务先行"的理念，打造"风帆"支部文化品牌，始终将培树身边典型作为加强支部建设的重要载体，挖掘培树了马宏儒、张洪彬、蒋小华、王军、曹煜等一批爱岗敬业、

新时代交通运输部系统党支部建设

乐于奉献、作风优良、业务精湛的先进个人。通过多种渠道进行宣传报道，扩大典型的知名度和影响力，营造了立足岗位争先进，创先争优作表率的浓厚氛围，提振了支部党员群众的职业自豪感、事业成就感和集体荣誉感，引领党员群众发扬"特别能吃苦，特别能战斗，特别能奉献、特别能团结"的奋斗精神，强化宗旨意识、使命意识、责任意识，提升救助飞行专业技能，忠实履行海上人命救助职责。

★ 北海第一救助飞行队飞行党支部重温入党誓词，庆祝建党100周年

打造体现交通运输特色的党建品牌。不断丰富完善党建品牌内涵、提升品牌品质，注重突出品牌的个性化、差异化特点，对交通运输部系统内党建品牌进行精准培育，努力做到一支部一特色、一支部

一品牌，为交通运输事业可持续发展提供精神动力、智力支持和文化滋养。交通运输部政策研究室党支部巩固拓展党史学习教育成果，打造"信仰之路"党建品牌，开设"信仰之路"政研讲坛，开展"人间正道"荐书读书活动，弘扬伟大建党精神，坚定信仰、信念、信心，传承红色基因，赓续红色血脉，齐心协力锻造政治过硬本领高强和谐战斗团队，团结奋进构建传播交通强国政策体系话语体系。交通运输部水运科学研究院党群办党支部创建"学研导学"先锋岗党建品牌，不断强化党员的责任意识和岗位意识。宁波海事局政务中心党支部寓支部建设于优质政务服务中，逐步铸就了享誉系统内外、兼具党建特色和海事元素的"蓝丝带"党建品牌，秉承"心系蓝海、情牵港航"的品牌理念，努力实现"群众满意，走在前列，助力'一带一路'倡议"的品牌目标。

第三节　提高党员干部政治能力

加强交通运输部系统党支部政治建设，要求党员干部善于从政治上认识和处理问题，心怀"国之大者"，自觉在党和国家工作大局下想问题、做工作，不断增强政治本领、提高政治能力。党员干部要自觉加强政治历练，接受严格的党内政治生活淬炼，把对党忠诚、为党分忧、为党尽职、为民造福作为根本政治担当，不断提高政治判断力、政治领悟力、政治执行力，使自己的政治能力同担任的工作职责相匹配，永葆共产党人政治本色。

一、政治能力起着领头和管总的作用

政治能力，就是把握方向、把握大势、把握全局的能力，就是辨别政治是非、保持政治定力、驾驭政治局面、防范政治风险的能力。在党员、干部的所有能力中，政治能力是第一位的，起着领头和管总的作用。把握方向，就是要求党员干部在谋划战略、制定政策、部署任务、推进工作时，自觉同党中央对表对标，进而校准自己的思想和行动，确保各项事业始终沿着正确政治方向前进。把握大势，就是要求党员干部要有历史思维，具备历史眼光和全球视野，把交通运输事业放到历史长河和全球视野中来谋划，因势而谋、应势而动、顺势而为。把握全局，就是要求党员干部自觉站在党和国家的战略全局、政治大局上想问题、作决策、办事情，善于把单位和部门的工作融入交通运输事业全局，做到既为一域争光、更为全局添彩。辨别政治是非、保持政治定力，就是要求党员干部在大是大非面前保持清醒头脑、态度鲜明、立场坚定。驾驭政治局面、防范政治风险，就是要求党员干部保持底线思维，强化忧患意识，科学预见形势发展走势和风险挑战，不断提高风险化解能力，做到未雨绸缪。有了过硬的政治能力，才能自觉做到在思想上政治上行动上同以习近平同志为核心的党中央保持高度一致，在各种重大斗争考验面前"不畏浮云遮望眼""乱云飞渡仍从容"。

二、不断提高政治判断力、政治领悟力、政治执行力

习近平总书记指出："要教育引导全党从党史中汲取正反两方面历史经验，坚定不移向党中央看齐，不断提高政治判断力、政治领悟

力、政治执行力,切实增强'四个意识'、坚定'四个自信'、做到'两个维护',自觉在思想上政治上行动上同党中央保持高度一致,确保全党上下拧成一股绳,心往一处想,劲往一处使。"① 提高"政治三力"是提高政治本领、增强政治能力的关键所在。

在交通运输工作实践中,提高政治判断力,就是要教育引导党员干部旗帜鲜明讲政治,以国家政治安全为大、以人民为重、以坚持和发展中国特色社会主义为本,善于从讲政治的角度思考和分析问题、把握和研究形势,善于从一般事务中发现政治问题、从倾向性和苗头性问题中发现政治端倪、从错综复杂的矛盾关系中把握政治逻辑,始终做到坚持政治立场不移,确保政治方向不偏,确保交通运输工作始终沿着习近平总书记指引的方向前进。提高政治领悟力,就是要教育引导党员干部深刻领会什么是党和国家最重要的利益,自觉关注党中央在关心什么、强调什么,自觉关注人民群众对交通运输需要什么、盼望什么,对"国之大者"了然于胸,时刻将"围绕中心、服务大局"作为工作的重要原则,在充分理解和把握大局中,找准行动的目标和方向,增强履职尽责的针对性、精准性和有效性。提高政治执行力,就是教育引导党员干部既要"仰望星空",同党中央精神对标对表,及时校准自己的工作方向,切实做到党中央提倡的坚决响应,党中央决定的坚决执行,党中央禁止的坚决不做,又要"脚踏实地",夯实执行之责,在具体工作任务落实中提高执行能力、增强执行效果。

---

① 习近平:《在党史学习教育动员大会上的讲话》,人民出版社2021年版,第22页。

案例卡片

交通运输综合应急指挥中心联合党支部由搜救中心、救捞局、路网中心、通信信息中心4个单位相对固定参加值守的党员组成。联合党支部自成立以来，认真贯彻落实习近平总书记关于模范机关建设的重要指示批示精神，擦亮"交通应急一面旗"品牌，心怀"国之大者"，不断提高政治判断力、政治领悟力、政治执行力，切实担负起保护人民群众生命财产安全的重要使命。

一是强化理论学习夯根基，坚定政治信仰。充分发挥联合党支部优势，学习贯彻习近平新时代中国特色社会主义思想，深入开展党课联学、支部联动、专题研讨等活动，每年组织开展集体学习10余次，研讨交流30余人次，引导全体党员增强"四个意识"，坚定"四个自信"，坚决拥护"两个确立"，始终做到"两个维护"。

二是坚持人民至上担使命，站稳政治立场。坚持人民至上、生命至上，引导党员干部发挥模范带头作用，努力当好"服务处"，守好"急诊科"，站好"交通岗"，建好"指挥部"，在急难险重面前挺身而出，在大战大考面前勇挑重担，每年妥善处置各类较大及以上等级突发事件240余起，以实际行动践行初心使命。

三是健全制度机制固根本，强化政治担当。研究制定联合党支部工作制度、战前动员制度、重特大突发事件学习研讨制度等。依托日提醒、周报告、月督查工作机制，狠抓领导指示批示、重点工作的落实，坚决将党中央决策部署以及部党组工作要求贯彻落实到综合应急具体工作中。

四是提升应急能力强本领，履行政治责任。深入贯彻落实《中华人民共和国海上交通安全法》《国务院办公厅关于加强水上搜救工作的通知》等，提升应急处置能力。统筹推进行业应急能力建设，针对危险化学品、重大海上溢油处置难点和涉砂涉渔险情开展专题研究，提升应急服务水平。积极配合修订《中华人民共和国内河交通安全管理条例》，推动出台《关于进一步加强海上搜救应急能力建设的意见》，指导各级海上搜救机构制定完善值班值守、搜救指挥等工作标准，提升应急规范化水平。组织开展科学搜救研究，联合举办海上搜救专项演练，提升应急救援效能。

三、发扬斗争精神，增强斗争本领

当今世界正经历百年未有之大变局，外部环境出现更多不稳定性不确定性，在加快建设交通强国、全面建设社会主义现代化国家新征程上，需要解决的问题会越来越多样、越来越复杂，党员干部更要不断加强斗争历练，增强斗争本领，永葆斗争精神，起而行之、勇挑重担，经风雨、见世面，想干事能干事干成事，以过硬本领展现作为、不辱使命。

要坚持底线思维，强化忧患意识、风险意识，科学预见形势发展走势和隐藏其中的风险挑战，做到未雨绸缪。排查梳理行业存在的重大风险和其他各类风险隐患,做到手中有账、心中有数。找准对策,将防范风险的先手与应对和化解风险挑战的高招结合起来,将打好防范和抵御风险的有准备之战与打好化险为夷、转危为机的战略主动战结合起来,善于抓住要害、找准原因,对症下药、常抓不懈。以"踏平坎坷成大道,斗罢艰险又出发"的顽强意志,应对好每一场重大风险挑战,切实把交通运输改革发展稳定各项工作做实做好。

每一代人有每一代人的长征路,每一代人都要走好自己的长征路。加快建设交通强国,就是新时代交通人的新长征。要持续抓规划、抓项目、抓试点,落实《交通强国建设纲要》《国家综合立体交通网规划纲要》,推动交通强国建设向更大范围、更宽领域延伸。实现伟大的理想,没有平坦的大道可走。加快建设交通强国的伟大进程中,还有许多"雪山""草地"需要跨越,还有许多"娄山关""腊子口"需要征服,一切贪图安逸、不愿继续艰苦奋斗的想法都是要不得的,一切骄傲自满、不愿继续开拓前进的想法都是要不得的。党员干部要以永不懈怠的精神状态、一往无前的奋斗姿态,坚持在重大斗争中磨砺,主动投身到各种斗争中去,在大是大非面前敢于亮剑,在矛盾冲突面前敢于迎难而上,在危机困难面前敢于挺身而出,在歪风邪气面前敢于坚决斗争。当严峻形势和斗争任务摆在面前时,守土有责、守土尽责,召之即来、来之能战、战之必胜。

第三章　坚持不懈强化理论武装

坚持以科学理论引领、用科学理论武装，是马克思主义政党永葆先进性纯洁性的根本保证，也是我们党的政治优势。习近平总书记指出："回顾党的奋斗历程可以发现，我们党之所以能够不断历经艰难困苦创造新的辉煌，很重要的一条就是我们党始终重视思想建党、理论强党，坚持用科学理论武装广大党员、干部的头脑，使全党始终保持统一的思想、坚定的意志、强大的战斗力。"① 加强新时代交通运输部系统党支部建设，必须用党的创新理论统一思想、统一意志、统一行动，教育引导党员干部始终做习近平新时代中国特色社会主义思想的坚定信仰者和忠诚实践者。

---

① 《习近平谈治国理政》第 2 卷，外文出版社 2017 年版，第 67 页。

第一节　用习近平新时代中国特色社会主义思想凝心铸魂

习近平总书记指出:"政治上的坚定、党性上的坚定都离不开理论上的坚定。"① 新的征程上,交通人肩负着建设交通强国的历史使命,持续深化理论学习,夯实理论基础,用习近平新时代中国特色社会主义思想武装头脑、指导实践、推动工作,比以往任何时候都更加紧迫。

一、深入学习习近平新时代中国特色社会主义思想特别是习近平总书记关于交通运输工作的重要论述

中国共产党是高度重视理论指导的政党。重视思想建党、理论强党,是我们党的宝贵经验。党的十八大以来,习近平总书记对关系新时代党和国家事业发展的一系列重大理论和实践问题进行了深邃思考和科学判断,就新时代坚持和发展什么样的中国特色社会主义、怎样坚持和发展中国特色社会主义,建设什么样的社会主义现代化强国、怎样建设社会主义现代化强国,建设什么样的长期执政的马克思主义政党、怎样建设长期执政的马克思主义政党等重大时代课题,提出一系列原创性的治国理政新理念新思想新战略,是习近平新时代中国特色社会主义思想的主要创立者。党的十九届六中全会通过的《中共中央关于党的百年奋斗重大成就和历史经验的决议》在党的十九大报告

---

① 《习近平谈治国理政》第3卷,外文出版社2020年版,第518页。

第三章 坚持不懈强化理论武装

"八个明确"的基础上,用"十个明确"对习近平新时代中国特色社会主义思想的核心内容作了进一步概括。习近平新时代中国特色社会主义思想是当代中国马克思主义、二十一世纪马克思主义,是中华文化和中国精神的时代精华,实现了马克思主义中国化新的飞跃。

延伸阅读

"十个明确"

明确中国特色社会主义最本质的特征是中国共产党领导,中国特色社会主义制度的最大优势是中国共产党领导,中国共产党是最高政治领导力量,全党必须增强"四个意识"、坚定"四个自信"、做到"两个维护";

明确坚持和发展中国特色社会主义,总任务是实现社会主义现代化和中华民族伟大复兴,在全面建成小康社会的基础上,分两步走在本世纪中叶建成富强民主文明和谐美丽的社会主义现代化强国,以中国式现代化推进中华民族伟大复兴;

明确新时代我国社会主要矛盾是人民日益增长的美好生活需要和不平衡不充分的发展之间的矛盾,必须坚持以人民为中心的发展思想,发展全过程人民民主,推动人的全面发展、全体人民共同富裕取得更为明显的实质性进展;

明确中国特色社会主义事业总体布局是经济建设、政治建设、文化建设、社会建设、生态文明建设五位一体,战略布局是全面建设社会主义现代化国家、全面深化改革、全面依法治国、全面从严治党四个全面;

明确全面深化改革总目标是完善和发展中国特色社会主义制度、推进国家治理体系和治理能力现代化；

明确全面推进依法治国总目标是建设中国特色社会主义法治体系、建设社会主义法治国家；

明确必须坚持和完善社会主义基本经济制度，使市场在资源配置中起决定性作用，更好发挥政府作用，把握新发展阶段，贯彻创新、协调、绿色、开放、共享的新发展理念，加快构建以国内大循环为主体、国内国际双循环相互促进的新发展格局，推动高质量发展，统筹发展和安全；

明确党在新时代的强军目标是建设一支听党指挥、能打胜仗、作风优良的人民军队，把人民军队建设成为世界一流军队；

明确中国特色大国外交要服务民族复兴、促进人类进步，推动建设新型国际关系，推动构建人类命运共同体；

明确全面从严治党的战略方针，提出新时代党的建设总要求，全面推进党的政治建设、思想建设、组织建设、作风建设、纪律建设，把制度建设贯穿其中，深入推进反腐败斗争，落实管党治党政治责任，以伟大自我革命引领伟大社会革命。

案例卡片

长江航务管理局办公室党支部实行"三学"学习法，打造"学习型"支部品牌。

一是"丰富学"。建立"读书月"，把三月定为"读书月"，精读一本好书，交流分享感悟；创立"思享会"，开辟"党史天地""业务精修""读书品鉴""艺术欣赏"等模块，切磋交流思想，提升文化素养；搭建"微课堂"，把本部门的课程送出去、把其他部门的思想引进来，拓展业务交流。

二是"融合学"。坚持理论和实践融合，定期在党员大会和支委会上研究探讨如何以习近平新时代中国特色社会主义思想指导实践工作；坚持党务与业务融合，引导支部党员学习"四史"、业务知识和政策举措，在"思享会"上信息共享；坚持线上和线下融合，创新构建多维度的学习和宣传载体，通过机关在线、宣传展板、微信平台等渠道实现党建学习全覆盖。

三是"现场学"。每年举办长航局系统办公室综合业务培训和保密实训，为系统内综合业务工作人员搭建能力提升、切磋交流的平台；每两年组织支部党员赴红色教育基地接受洗礼，铭记历史，感悟初心。

党的十八大以来，习近平总书记高度重视交通运输工作，作出一系列重要论述，科学回答了为什么要发展交通运输、发展什么样的交通运输和怎么发展交通运输一系列根本性问题，为交通运输发展提供了根本遵循。概括起来，主要有：在发展定位上，强调交通成为中国现代化的开路先锋；在发展战略上，强调加快建设交通强国；在发展目的上，强调建设人民满意交通；在发展理念上，强调完整、准确、全面贯彻新发展理念，形成安全、便捷、高效、绿色、经济的现代化综合交通运输体系；在发展目标上，强调打造一流设施、一流技术、一流管理、一流服务，实现人享其行、物畅其流；在发展主题主线上，

新时代交通运输部系统党支部建设

强调深化供给侧结构性改革,推动交通运输高质量发展,着力补齐基础设施短板、降低物流成本、调整运输结构、促进各种运输方式融合发展、提升服务水平、加快形成统一开放的交通运输市场、有效支撑国家重大战略实施;在发展合作上,强调与世界相交、与时代相通,坚持交通天下,推进全球交通合作;在发展动力上,强调坚持创新引领;在发展方式上,强调加快形成绿色低碳交通运输方式;在发展保证上,强调加强党的全面领导和党的建设,大力弘扬交通精神。这一系列重要论述,是习近平新时代中国特色社会主义思想的有机组成部分,为交通运输指明了前进的方向,为当好中国现代化的开路先锋提供了根本遵循。要学深悟透,入脑入心,落实落细、见行见效,真正把习近平总书记关于交通运输工作的重要论述转化为推进交通运输改革发展的实际行动,把建设交通强国的宏伟蓝图一步一步变为美好现实。

案例卡片

中国民用航空局机场司党支部以习近平新时代中国特色社会主义思想为指导,持续构建完善机场工程建设、安全监管和运营管理体系。以专题党课回顾民航安全管理历程,学习贯彻习近平总书记关于安全生产重要论述,将"敬畏职责、敬畏生命、敬畏规章"内化于心、外化于行。学习贯彻习近平法治思想,坚持改革和法治相统一相协调,推动修订《民用机场管理条例》,推进机场治理体系和治理能力现代化。学习贯彻习近平总书记关于军民融合发展的重要论述,在机场领域坚定服务于国家战略体系和能力一体化。

二、推动学习贯彻习近平新时代中国特色社会主义思想往深里走、往心里走、往实里走

习近平新时代中国特色社会主义思想具有实践性、时代性、创造性的鲜明品格，是从新时代中国特色社会主义全部实践中产生的理论结晶，是推动新时代党和国家事业不断向前发展的科学指南。要坚持不懈用习近平新时代中国特色社会主义思想武装头脑、指导实践、推动工作。

力求全面系统、学深悟透。在党委（党组）理论学习中心组领学示范带动下，落实"第一议题"制度，完善党员干部自学、干部教育培训、集中学习、理论宣讲、青年理论学习小组学习等制度，及时跟进学习习近平总书记最新重要讲话、指示和批示精神，把学习贯彻延伸拓展到基层党支部、覆盖到广大干部群众。下足读原著、学原文、悟原理的功夫，在学懂弄通悟透上再发力，引导党员干部系统掌握马克思主义基本理论和党的创新理论，深刻把握习近平新时代中国特色社会主义思想的理论体系、丰富内涵、精神实质和基本要求，从学习中汲取政治力量、思想力量、实践力量。

案例卡片

人民交通出版社股份有限公司第十党支部坚持学习内容与创新形式相统一，筑牢学习阵地。

一是丰富学习层次，理论学习与业务学习共推进。着力建成"领导干部讲党课、业务骨干教工作、普通党员谈收获"为主线的学习体系，将业务工作中的"热点""痛点"和"难点"作为理论学习的切入点，实现理论学习与业务学习有机结合，筑

新时代交通运输部系统党支部建设

> 牢"全天候、多层次、宽领域"的党建业务融合学习主阵地。
>
> 二是创新学习形式,线上交流与线下研讨相融合。依托"三会一课"常态化制度化机制,以党史学习教育为契机,读原著、学原文、悟原理,坚持不懈地学习党的创新理论成果;同时建立QQ讨论组、微信学习小组,结合"学习强国"学习平台、支部工作APP等融媒体平台,分享党建工作最新理论,交流学习体会,研讨业务难题,提升支部党员学习的积极性、针对性和实效性。

善于把握立场观点方法。习近平新时代中国特色社会主义思想博大精深,既要学习领会其基本内容、理论体系、实践要求,又要深刻把握其基本立场观点方法,做到知其然又知其所以然。深刻把握人民立场。人民立场是贯穿习近平新时代中国特色社会主义思想的根本立场。习近平总书记指出:"江山就是人民、人民就是江山,打江山、守江山,守的是人民的心。"[①]"人民对美好生活的向往,就是我们的奋斗目标。"[②]要坚持人民交通为人民,坚持人民交通靠人民,坚持人民交通由人民共享,坚持人民交通让人民满意。深刻把握实践观点。习近平新时代中国特色社会主义思想是引领中华民族伟大复兴的行动指南,马克思主义的实践品格更加鲜明突出。坚持实践观点首先是坚持实事求是,坚持一切从实际出发来研究和解决问题,坚持在实践中检验真理和发展真理。深刻把握辩证唯物主义和历史唯物主义的科学

---

① 习近平:《在庆祝中国共产党成立100周年大会上的讲话》,人民出版社2021年版,第11页。

② 《习近平谈治国理政》第1卷,外文出版社2018年版,第4页。

第三章 坚持不懈强化理论武装

方法，不断接受马克思主义哲学智慧的滋养，增强战略思维、历史思维、辩证思维、创新思维、法治思维、底线思维能力。

> **案例卡片**
>
> 中国交通通信信息中心信安公司党支部创新学习教育机制，重点解决党员教育"怎么学"的问题。党支部采取灵活多样的学习教育方式，串联起党员学习教育的"点线面"，提升学习效果。通过"一日一测试""一周一誊抄""一月一背诵""一季一阅读""一年一讲用"把学习成果转化为做好本职工作、事业高质量发展的新动能，推动党员职工学用相长。
>
>
>
> ★ 为迎接中国共产党建党100周年，信安公司党支部举办"誊抄党史著述 礼赞建党百年"党史誊抄评比展示活动

坚持知行合一。学习的目的在于应用。必须要在学思用贯通、知信行统一上下更大功夫，既悟之于心，更践之于行。大力弘扬马克思

主义学风,自觉把自己摆进去、把职责摆进去、把工作摆进去,检视思想认识上的不足,找准工作上的短板,不足的抓紧改进,落后的创新提升,把习近平总书记重要指示批示精神、党的主张和重大决策转化为交通运输领域的政策法规、制度措施和工作行动,转化为新时代交通运输高质量发展的实效。

三、突出抓好青年干部的理论武装

近年来,随着交通运输事业发展,越来越多的青年干部走上了领导管理岗位。有很多80后、90后的青年干部,他们已然成为交通运输事业发展的新生骨干力量。当前,青年干部普遍受过高等教育,思维活跃、勇于创新,同时也相对缺乏系统的马克思主义理论学习和严格的党内政治生活锻炼。只有通过思想淬炼、政治历练、实践锻炼、专业训练,让青年干部在常学常新中增强理论修养,在真学真信中坚定理想信念,在学思践悟中牢记初心使命,在细照笃行中不断修炼自我,在知行合一中主动担当作为,才能让青年干部真金过火、百炼成钢,接过交通强国建设的接力棒。

交通运输部系统党支部要把青年干部理论武装作为重大战略任务抓紧抓实。把学习习近平新时代中国特色社会主义思想作为青年理论学习的"第一任务",要求青年干部把学懂弄通做实习近平新时代中国特色社会主义思想作为终身必修课。加强政策学习和形势教育,正确看待国内外形势,深刻把握当前推动交通运输高质量发展面临的新形势、新任务、新要求,始终保持政治定力,立足本职工作、建功新时代。学习党章党规党纪,强化党的意识、党员意识、政治机关意识,掌握应知应会党内法规和党的创新理论,严守党的纪律,自觉规范言

第三章 坚持不懈强化理论武装

行，全面增强党性修养。建立健全"党委总负责、各党支部传帮带、各学习小组自主学"的青年理论学习联动机制，实现40岁以下青年干部全覆盖。要发挥好青年理论学习小组的重要作用，运用好青年主播队、青年读书堂等学习载体，采用"聚焦主题学""调研实践学"等学习方式，把学习理论深入人心。如重庆奉节海事处党支部"青年讲堂"采取轮流授课的方式，使青年干部互帮互学、教学相长，切实提升青年干部能力素质，达到"一人授课、大家受益"的效果。

案例卡片

吴淞海事局青年理论学习小组坚持以"青淞"青年工作品牌为指引，通过构建"青淞四学"新模式，推动学习贯彻习近平新时代中国特色社会主义思想在海事青年中走深走实。坚持"青淞领学"，打造"大班+小班"双课堂；坚持"青淞讲学"，用好"线上+线下"双平台；坚持"青淞研学"，畅通"读书+行路"双载体；坚持"青淞比学"，促进"理论+实践"双融合。

★ 吴淞海事局党支部举办"百年风华 青淞有你"青年党史知识挑战赛

新时代交通运输部系统党支部建设

第二节 强化理想信念教育

理想信念是中国共产党人的精神支柱和政治灵魂，也是保持党的团结统一的思想基础。加强交通运输部系统党支部建设，必须把坚定理想信念作为思想建设的首要任务，以坚定的理想信念筑牢精神之基，做到常态化开展、制度化推进。

一、革命理想高于天

中国共产党之所以叫共产党，就是因为从成立之日起我们党就把共产主义确立为远大理想。在烽火连天的革命岁月，理想信念如火炬、如明灯，照耀着中国共产党人一往无前的奋斗征程。正如习近平总书记指出的："尽管他们也知道，自己追求的理想并不会在自己手中实现，但他们坚信，只要一代又一代人为之持续努力，一代又一代人为此作出牺牲，崇高的理想就一定能实现，正所谓'砍头不要紧，只要主义真'。"[①]

坚定理想信念，坚守共产党人精神追求，始终是共产党人安身立命的根本。100多年来，中国共产党人秉持为中国人民谋幸福的初心、为中华民族谋复兴的使命，团结带领全国各族人民浴血奋斗、发愤图强、改革开放，使中华民族迎来了从站起来、富起来到强起来的伟大飞跃。习近平总书记强调："我们共产党人的本，就是对

[①]《习近平关于"不忘初心、牢记使命"论述摘编》，中央文献出版社、党建读物出版社2019年版，第73页。

马克思主义的信仰，对中国特色社会主义和共产主义的信念，对党和人民的忠诚。"① 没有了这些，就是无本之木。苏联共产党在只有20万党员时能够打败资产阶级临时政府，取得十月革命胜利从而建立政权；200万党员时能够打败德国法西斯，取得卫国战争胜利进而保卫政权；2000万党员时在没有外敌入侵和特大自然灾害变故的情况下却自己打败了自己，解体覆亡。其中一个重要原因，就是理想信念动摇。共产党人如果没有信仰、没有理想，或信仰、理想不坚定，精神上就会"缺钙"，就会得"软骨病"，就必然导致政治上变质、经济上贪婪、道德上堕落、生活上腐化。

二、坚定信仰信念信心

中国共产党的理想信念，就是马克思主义信仰、共产主义远大理想、中国特色社会主义共同理想。习近平总书记强调："无论过去、现在还是将来，对马克思主义的信仰，对中国特色社会主义的信念，对实现中华民族伟大复兴中国梦的信心，都是指引和支撑中国人民站起来、富起来、强起来的强大精神力量。"②

坚定马克思主义信仰。中国共产党为什么能，中国特色社会主义为什么好，归根到底是因为马克思主义行。中国共产党从它的诞生起就坚定地以马克思主义为指导思想，马克思主义作为我们党的指导思想是历史的选择、人民的选择、时代的选择。新时代坚定对马克思主

---

① 《习近平关于"不忘初心、牢记使命"论述摘编》，中央文献出版社、党建读物出版社2019年版，第78页。
② 《习近平关于"不忘初心、牢记使命"论述摘编》，中央文献出版社、党建读物出版社2019年版，第89页。

新时代交通运输部系统党支部建设

义的信仰，就要发自内心真信真学真用马克思主义，原原本本精读马克思主义经典著作，自觉运用马克思主义的立场、观点和方法指导新的实践；就要深刻懂得背离或放弃马克思主义，就会失去灵魂、迷失方向。

增强对中国特色社会主义的信念。中国特色社会主义是改革开放以来党的全部理论和实践的主题，是党和人民历尽千辛万苦、付出巨大代价取得的根本成就。要教育引导党员、干部深刻认识到，中国特色社会主义是历史发展的必然结果，是发展中国的必由之路，是经过实践检验的科学真理，始终坚定中国特色社会主义道路自信、理论自信、制度自信、文化自信。

坚定对实现中华民族伟大复兴中国梦的信心。要教育引导党员、干部牢记初心使命，增强必胜信心，坚信我们党一定能够团结带领人民在中国特色社会主义道路上实现中华民族伟大复兴。要矢志不渝把我们正在做的事情做好，真抓实干、埋头苦干，切实把对社会主义和共产主义的信仰转化为加快建设交通强国的强大力量，把伟大梦想一步步变为现实。

案例卡片

交通运输部政策研究室党支部切实增强"四个意识"、坚定"四个自信"、做到"两个维护"，心怀"国之大者"，在坚定政治信仰上出实招，打造了"信仰之路"党建品牌，引导党员干部高扬精神旗帜，坚定信仰、信念、信心，走出"人间正道"。

第三章 坚持不懈强化理论武装

党支部以"信仰之路"政研讲坛为载体,每月组织两次集中学习,推出系列专题学习。领导干部带头,全员上讲台,着力锤炼"政研三品",即人品、政品、文品,努力提高"政研五力",即学习力、想象力、判断力、策划力、执行力。

一是"向习近平总书记学习"。引导大家系统学习习近平新时代中国特色社会主义思想,为党员干部指方向、明路径、教方法,推动学习成效转化为工作实效。

二是"支部书记讲经典"。党支部书记带头领学《共产党宣言》《路德维希·费尔巴哈和德国古典哲学的终结》《反杜林论》等马克思主义经典著作,感悟马克思主义的真理力量和实践力量,正本清源,用理论上的清醒促进政治上的坚定。

三是"交通理论政策研究交流"。围绕加快建设交通强国,努力当好中国现代化的开路先锋,组织学习交通理论政策。邀请专家讲解《"十四五"现代综合交通运输体系发展规划》,交流分享《关于扩大交通有效投资的政策措施》等专业理论知识,引导党员干部凝心聚力促发展,努力把工作干对、干好、干精彩。

四是"向英雄致敬"。组织观看《国家记忆》等系列纪录片,学习柴云振等英雄事迹,引导党员干部大力弘扬历史主动精神和英雄精神,让精神之源永远清澈纯净、碧波荡漾,让党支部风清气正、干事创业的氛围更加浓厚。

三、终身课题需要常修常炼

坚定理想信念、牢记初心使命是党员干部的终身课题，也是党员教育管理的永恒课题，交通运输部系统党支部必须经常抓、大力抓、长期抓。

始终对党忠诚。对党忠诚的理性自觉来自对马克思主义信仰、对共产主义远大理想、对中国特色社会主义共同理想的坚定。当前，世界百年未有之大变局加速演进，中华民族伟大复兴进入关键时期，我们面临的风险挑战明显增多，党员干部面对忠诚的考验越发凸显和直接。对党忠诚，必须体现到对党的信仰的忠诚上，必须体现到对党组织的忠诚上，必须体现到对党的理论和路线方针政策的忠诚上。新形势下，党员干部必须增强自觉贯彻落实习近平新时代中国特色社会主义思想的坚定性，不断筑牢信仰之基、补足精神之钙、把稳思想之舵，以坚定的理想信念砥砺对党的赤诚忠心，使对党绝对忠诚在思想上政治上行动上坚如磐石、不可动摇。

传承红色基因。坚守理想信念和初心使命，是我们党一以贯之的光荣传统，是党的红色基因的精神内核。党的历史上红色资源灿若繁星，每一个历史事件、每一位革命英雄、每一件革命文物、每一种革命精神，都是进行红色教育的鲜活教科书。如交通运输部规划研究院科研发展处党支部紧紧聚焦党史学习教育的总体要求，围绕开天辟地话建党、长征中的女红军、遵义会议、抗美援朝，改革开放和交通发展等主题，讲述革命故事，宣扬不同时期党的伟大精神，以此为切入点，着力推动主题学习活动与业务建设、管理与服务、党的建设与团队文化建设、内部协作与外部协调等"四结合"，实现本领、服务、组织、文化等"四提升"。

> ## 案例卡片
>
> 中国船级社国内营运船舶业务处党支部积极打造"磐石精神"特色党建品牌,确保理想信念坚如磐石。
>
> 一是学党史,筑牢信念之基。积极组织开展"参观红色教育基地""重温入党誓词"等自选动作,教育引导党员干部在奋发有为中砥砺政治品格、在知行合一中践行初心使命。
>
> 二是学理论,把稳思想之舵。以"三会一课"为载体,通过交流分享学习体会等形式进一步强化理论武装、坚定理想信念。
>
> 三是学本领,丰富力量之源。联合相关单位共同开展"双青共建"① 技术帮扶,深刻学习领会"两路"精神、西路军精神和"两弹一星"精神,带动青海地方船检人员提高业务能力的同时提升了支部党员的服务意识和担当精神。
>
>
>
> ★ "双青共建"双方一起参观西路军纪念馆

---

① "双青共建"是指自 2017 年起,由中国船级社总部牵头,中国船级社青岛分社等单位与青海省地方海事局共同开展党建交流与技术帮扶,推动青海地区船舶检验高质量发展。

加强自我修炼。理想信念和初心使命，源于追求崇高，强自坚守磨砺，既不会自发产生，也不会自然保质保鲜，稍不注意就可能蒙尘褪色，久不滋养就会干涸枯萎。对党员干部来说，加强自我修炼是一辈子的事，必须以自我革命精神不断改造自己、提高自己、完善自己，炼就"金刚不坏之身"。党员干部要落实全面从严治党要求，严守政治纪律和政治规矩，自觉加强党性锻炼，不断提高政治觉悟和政治能力。要积极参加党内政治生活，用好批评和自我批评武器，经常对照党章党规党纪、对照正反典型，检视矫正自己的思想和行为，增强政治免疫力。

第三节 推进党史学习教育常态化长效化

在全党开展党史学习教育，是党中央立足百年党史新起点、着眼开创事业发展新局面作出的一项重大战略决策。推动党史学习教育常态化长效化是建设马克思主义学习型政党的一项长期重要任务。习近平总书记围绕党史学习教育作出一系列重要论述，深刻阐明了党百年奋斗的历史价值和学习党史的根本目的、基本要求、科学态度，把我们对党的历史的认识提升到新高度，为开展党史学习教育提供了根本遵循。交通运输部系统党支部要把开展党史学习教育作为践行初心使命、锻造过硬队伍、推动党支部建设高质量发展的重大契机，围绕学史明理、学史增信、学史崇德、学史力行，教育引导党员干部学党史、悟思想、办实事、开新局，巩固拓展党史学习教育成果，不断续写新时代交通运输高质量发展的新篇章。

第三章　坚持不懈强化理论武装

一、深入学习领会习近平总书记关于党的历史的重要论述

党的十八大以来，习近平总书记围绕中国共产党的历史发表了一系列重要论述。深入学习领会习近平总书记关于党的历史的重要论述，不仅要掌握核心要义、实践要求，还要深刻把握贯穿其中的理论品格、历史视野、为民情怀、使命担当，深刻把握贯穿其中的马克思主义立场、观点和方法，真正做到知其言更知其义、知其然更知其所以然。

深刻体悟贯穿其中的一脉相承、与时俱进的理论品格。习近平总书记关于党的历史的重要论述，与毛泽东、邓小平、江泽民、胡锦涛关于中国共产党历史论述既一脉相承，承的是用辩证唯物主义和历史唯物主义的世界观和方法论看待党的历史之脉，承的是用实事求是的思想路线看待党走过的道路之脉，而又与时俱进，体现了我们党对党的历史认识的最新发展。

深刻体悟贯穿其中的把握历史大势、顺应时代潮流的历史视野。历史、现实、未来是相通的。历史是过去的现实，现实是未来的历史。历史发展有其规律和大势，历史潮流不可阻挡。习近平总书记始终胸怀中华民族伟大复兴战略全局和世界百年未有之大变局，坚持大历史观，把中国共产党的百年奋斗史放到5000多年中华文明史、500多年世界社会主义史、中国人民近代以来180多年斗争史、中华人民共和国70多年的发展史、改革开放40多年的实践史中来认识和把握，从历史长河、时代大潮、全球风云中分析演变机理、探究历史规律，提出因应的战略策略，增强工作的系统性、预见性、创造性，在时代前

新时代交通运输部系统党支部建设

进潮流中把握主动、赢得发展。

深刻体悟贯穿其中的我将无我、不负人民的为民情怀。人民情怀，是贯穿习近平总书记关于党的历史的重要论述的一根红线，也是贯通中国共产党百年历史的一根红线。历史充分证明，江山就是人民，人民就是江山。100年来，我们党之所以能够由小变大、由弱变强，从根本上说，就是因为始终坚持人民至上、紧紧依靠人民、不断造福人民、牢牢植根人民，始终代表最广大人民根本利益。无论是总结历史经验、揭示历史启示，还是到革命老区考察调研，进行革命传统教育，习近平总书记都紧紧围绕人民这个根本立场，永远保持对人民的赤子之心，告诫全党同志不能忘记红色政权是怎么来的、新中国是怎么来的、今天的幸福生活是怎么来的，告诫全党同志革命老区是党和人民军队的根。我将无我、不负人民，彰显了一个大国领袖的责任担当和为民情怀，树立了坚持人民至上的光辉典范，用行动诠释了"以百姓心为心""权为民所赋"的真谛。

深刻体悟贯穿其中的知史鉴今、关照未来的使命担当。历史的车轮滚滚向前。回顾历史，不是为了从成功中寻求慰藉，更不是为了躺在功劳簿上、为回避今天面临的困难和问题寻找借口，而是为了总结历史经验、把握历史规律，增强开拓前进的勇气和力量。历史只会眷顾坚定者、奋进者、搏击者，而不会等待犹豫者、懈怠者、畏难者。习近平总书记始终展现出深沉的忧患意识和高度的历史使命感，告诫全党，我们比历史上任何时期都更接近中华民族伟大复兴的目标，比历史上任何时期都更有信心、有能力实现这个目标，告诫全党面临的"赶考"远未结束，必须始终保持奋发有为的进取精神，永葆党的先进性和纯洁性，以"赶考"的清醒和坚定答好新时代的答卷，彰显了

第三章 坚持不懈强化理论武装

大党领袖雄视古今、继往开来的雄伟气魄,无私无畏、勇往直前的历史担当。

二、把党史、新中国史、改革开放史和社会主义发展史教育引向深入

党中央印发的《关于在全党开展党史学习教育的通知》强调,紧紧围绕学懂弄通做实党的创新理论,坚持学习党史与学习新中国史、改革开放史和社会主义发展史相贯通。"四史"内容各有侧重,总的来说就是中国共产党人为人民谋幸福、为民族谋复兴、为世界谋大同的实践史。

党的历史是一部理想信念的生动教材,党的历史铸就的伟大精神谱系,集中体现了党的坚定信念、根本宗旨、优良作风,凝聚着中国共产党人艰苦奋斗、牺牲奉献、开拓进取的伟大品格,过去是、现在是、将来仍然是我们党的宝贵精神财富。开展"四史"教育,就是要推动交通运输部系统党员干部深入学习习近平总书记关于党的历史的重要论述,认真学习党创立以来、新中国成立以来、改革开放以来的重要历史事件,了解我们党领导人民进行艰苦卓绝的斗争历程,自觉继承革命传统、传承红色基因,赓续共产党人精神血脉,始终保持革命者的大无畏奋斗精神,鼓起迈进新征程、新时代的精气神。

案例卡片

交通运输部规划研究院信息所党支部全力打造"党史心论"党史学习教育品牌,形成"长征路上学党史""沿着公路学

党史""数说党史"等特色主题，推出了《学习"七一"重要讲话 感悟百年辉煌历程》《川藏公路上的党史》《藏在中共一大会议中的数字》等优质党课。培育红色经典"悦读"阵地，开展"青年党史学习专题""我和我家乡的红色英雄""学百年党史 讲廉政故事"等读书活动，帮助支部党员干部深刻领会中国共产党人精神谱系和伟大建党精神。用红色资源赓续红色血脉，前往"一二·九"运动纪念亭、"没有共产党就没有新中国"纪念馆等现场学习，以情景式体验的方式引导党员深刻铭记中国共产党百年奋斗的光辉历程。

★ 交通运输部规划研究院信息所党支部"我和我家乡的红色英雄"读书分享主题党日活动

开展"四史"教育，要坚持唯物史观和正确党史观。原原本本学习党的第三个历史决议，学懂弄通党百年奋斗的光辉历程，学懂弄通党坚守初心使命的执着奋斗，学懂弄通党百年奋斗的历史意义和历史经验，学懂弄通以史为鉴、开创未来的重要要求，特别是深入领会党的十八大以来党和国家事业取得的历史性成就、发生的历史性变革，深入领会新时代原创性思想、变革性实践、突破性进展、标志性成果，不断深化对历史进程的认识、历史规律的把握、历史智慧的运用。强化历史认知，教育引导党员干部从党的百年奋斗中看清楚过去我们为什么能够成功、弄明白未来我们怎样才能继续成功，更好把握党的历史发展的主题主线、主流本质，坚定历史自信、筑牢历史记忆，满怀信心地向前进。

三、从百年交通发展历程中汲取前进的力量，奋进新征程建功新时代

从建党开始，交通就与党和国家的命运紧紧连在一起。我们党组织领导广大海员、铁路和港口工人先后参与香港中国海员大罢工、铁路和港口工人大罢工、省港大罢工等一系列重要运动。在全民族抗日的烽火中，我们党把交通线作为抗战的生命线。新中国成立之初，山河重整、百废待兴，我国交通运输非常落后。那一代交通人的历史使命，就是尽快恢复交通运输生产，服务国家社会主义建设。改革开放以后，我国交通运输供给仍然十分短缺，买票难、乘车难、运输难，运输保障能力弱，交通运输成为制约经济社会发展的瓶颈。那一代交通人的历史使命，就是解决交通运输供给短缺问题，建设基本适应经济社会发展的交通大国。

党的十八大以来，在以习近平同志为核心的党中央坚强领导下，我国交通运输在大的基础上向强迈进了一大步、在有的基础上向好迈

新时代交通运输部系统党支部建设

进了一大步、在"基本适应"的基础上向"适度超前"迈进了一大步,开启了加快建设交通强国的新征程。以史为鉴,开创未来,就要教育引导党员干部从百年党史以及百年交通发展史中深化学史明理、学史增信、学史崇德、学史力行,立足岗位充分发挥先锋模范作用,自觉立足新发展阶段、贯彻新发展理念、服务构建新发展格局,推动交通运输高质量发展,加快建设人民满意、保障有力、世界前列的交通强国。

延伸阅读

党的六大后,全国出现了多个以武装割据为主要特征的红色苏维埃区域,闽西、赣南苏区是全国面积最大的一个。1929年底,在上海的党中央为加强与各地党组织、革命根据地的联系,建立了长江、北方、南方三条交通站线。南方线分为4条支线,其中第4条"上海—香港—汕头—潮安—大埔—永定虎岗进入瑞金",长达数千里。南方线又称华南线或"中央韩、汀江线",即史学界常说的中央红色交通线。由于战争环境险恶,长江、北方两条线和南方线中的前3条支线都先后被敌人破坏。唯独南方线的第4条支线由周恩来亲自设计、组建的线路保存了下来,从1930年到1934年主力红军长征前,护送了200多名领导干部和一大批电讯技术人员、文艺工作者到苏区;沟通了上海党中央和苏区的信息往来;向苏区输送了布匹、食盐、药品、纸张、电讯器材、印刷器材、军械器材,甚至还有白区出版的各种报纸、杂志及书籍等。

> 这条红色交通线上的交通员出色地完成了一次次艰巨任务，安全畅通达五年之久，在极其艰难的环境下发挥了不可替代的特殊作用。毛泽东曾形象地把这条红色地下交通线比喻成"人体的血脉"。
>
> ——摘自蓝松、吴锡超：《周恩来与中央红色交通线》，《福建党史月刊》2016年第6期

深化学史明理。进一步加深对习近平新时代中国特色社会主义思想科学性、真理性的认识，持续深化对党领导交通运输事业历史经验与启示的认识，切实增强"四个意识"，坚定"四个自信"，做到"两个维护"，不断提高政治判断力、政治领悟力、政治执行力，切实增强用党的创新理论指导交通运输实践的自觉和坚定，确保习近平总书记对交通运输工作的指示要求条条有着落、件件有回音、事事见实效，确保党中央各项决策部署全面贯彻落实、结出硕果。

深化学史增信。进一步坚定对马克思主义的信仰，对社会主义、共产主义的信念，对实现中华民族伟大复兴中国梦的信心。始终保持只争朝夕、奋发有为的奋斗姿态，不断提升全面履职、推动发展的能力，在加快建设交通强国中展现交通人的担当作为。善于从历史中获得启迪，从历史中汲取教训，从历史中提炼克敌制胜的法宝，深入总结运用党在不同历史时期成功应对风险挑战的丰富经验。

深化学史崇德。自觉继承革命传统、传承红色基因，赓续共产党人精神血脉。崇尚对党忠诚的大德，党员干部永远不能忘记入党时所作的对党忠诚、永不叛党的誓言，做到始终忠于党、忠于党的事业，

做到铁心跟党走、九死而不悔。崇尚造福人民的公德,进一步筑牢以人民为中心的发展思想,增强人民交通为人民的责任心、使命感。始终践行党的群众路线,及时回应社会关切,全力推进落实交通运输更贴近民生实事,切实做好维护行业从业人员合法权益等工作,不断增强人民群众获得感、幸福感、安全感。

> **案例卡片**
>
> 青岛大港海事处党支部以年度党员学习教育计划为主线,结合"三会一课"、主题党日要求,固化党员月度学习教育内容为"时代强音""鉴往知来""三述攻坚"(述理论、述政策、述典型)"先锋视角""同心同行"五大模块,通过系统、丰富、务实的模块化教育,助推党员学思用贯通、知信行统一。其中"鉴往知来"模块,注重铭记初心和明志明纪。一方面重点围绕"四史"教育要求,由党员干部、青年党员或邀请共建单位宣讲员讲授百年党史微党课,以史为镜明志;另一方面结合交通运输系统、青岛市纪委通报的典型违纪违法案例开展廉政警示教育,以案为鉴明纪。支部党员遵循党史脉络先后讲述多期微党课,携手即墨路街道党工委举办"学史强思想 青春心向党"主题演讲比赛等活动,组织观看"清廉海事"微视频,党员学习积极性和讲述能力不断提升,崇廉尚廉氛围不断浓厚。

深化学史力行。进一步弘扬实干精神,增强"滚石上山、爬坡过坎"的勇气和干劲,汇聚起加快建设交通强国的磅礴力量。将学习贯彻习近平总书记重要讲话精神转化到做好疫情防控、保通畅、深化供给侧结构性改革、落实"十四五"发展规划等重点工作中，全力推动落实交通强国建设各项任务。准确把握新发展阶段，深入贯彻新发展理念，加快构建新发展格局，抢抓重要战略机遇期，贯彻落实好《交通强国建设纲要》《国家综合立体交通网规划纲要》，找准切入点和突破口，在完善综合交通网络上下功夫，在构建现代物流体系上做文章，在坚持创新驱动发展上出实招，在推进更高水平对外开放上求实效，在优化治理上见真章。

第四节　做好新形势下意识形态工作

意识形态工作是党的一项极端重要的工作，关乎旗帜、关乎道路、关乎国家政治安全，发挥着引领国家、稳定社会、凝聚人心、推动发展的强大支撑作用，一刻也不能放松、不能削弱。

一、增强做好意识形态工作的政治自觉思想自觉行动自觉

我们党高度重视意识形态工作。毛泽东同志就曾说过："凡是要推翻一个政权，总要先造成舆论，总要先做意识形态方面的工作。"[1] 习近平总书记强调："我们必须把意识形态工作的领导权、管理权、话语权牢牢掌握在手中，任何时候都不能旁落，否则就要犯无可挽回的历史性错误。"[2] 党的十八大以来，以习近平同志为核心的党中央高

---

[1] 《建国以来毛泽东文稿》第 10 册，中央文献出版社 1996 年版，第 194 页。
[2] 《习近平关于社会主义文化建设论述摘编》，中央文献出版社 2017 年版，第 21 页。

新时代交通运输部系统党支部建设

度重视意识形态工作,作出了一系列重大部署,出台了《中国共产党宣传工作条例》《党委(党组)意识形态工作责任制实施办法》等制度规定,明确了意识形态工作的地位作用、目标任务、基本要求和主体责任,为做好意识形态工作提供了科学指引和制度遵循。交通运输部系统党支部要加强意识形态领域情况分析研判,引导广大党员干部提高政治敏锐性和政治鉴别力,严守宣传纪律,不搞封建迷信活动,勇于同错误言行作斗争,始终做到:红色地带是我们的主阵地,一定要守住;黑色地带主要是负面的东西,要敢于亮剑,大大压缩其地盘;灰色地带要大张旗鼓争取,使其转化为红色地带。

二、牢牢把握正确舆论导向

当前意识形态领域形势纷繁复杂,我们正在进行具有许多新的历史特点的伟大斗争,面临的挑战和困难前所未有,必须坚持巩固壮大主流思想舆论,践行社会主义核心价值观,弘扬主旋律、传播正能量,激发团结奋进的强大力量。交通运输部系统党支部要旗帜鲜明坚持党管意识形态、党管媒体,加强网络教育,加强对党员微信微博公众号等自媒体意识形态阵地的管理,积极稳妥做好重大突发事件和热点敏感问题的舆论引导,引导广大党员干部不信谣、不传谣,牢牢掌握舆论引导主动权。加大对交通精神、职业道德、行业使命、发展愿景的宣传力度,大力宣传以"两路"精神、青藏铁路精神、中国民航英雄机组精神、邮政快递"小蜜蜂"精神为代表的交通精神,宣传交通运输行业改革发展取得的重要成就、典型人物、先进事迹,讲好交通运输服务国家战略、保障和改善民生的故事,阐释好行业核心价值观,进一步统一思想、凝聚力量。在意识形态领域斗争中,教育引导党员

第三章　坚持不懈强化理论武装

干部坚定斗争意志、增强斗争精神、强化政治担当，敢于亮剑、敢于斗争，对各种错误思潮、模糊认识、不良现象，时刻保持高度警惕，做到眼睛亮、见事早、行动快，发现违反政治纪律、危害政治安全的行为要毫不犹豫、坚决抵制，做勇于斗争的"战士"，不做爱惜羽毛的"绅士"。

案例卡片

中国交通报社有限公司第九党支部立足媒体本职，讲好交通故事。

一是发挥媒体优势，服务中心工作。围绕道路运输驾驶员高频服务事项"跨省通办"、便利老年人出行、司机之家等工作，在相关司局指导下，发挥媒体优势，制作海报、视频等宣传产品，报道各地工作推进情况，营造良好舆论环境。

二是开展主题宣传，吸引公众参与。连续承办"我的公交我的城"重大主题宣传活动、绿色出行宣传月和公交出行宣传周等主题活动，通过中央媒体团采访、公益宣传大赛等方式，传递优选公交、绿色出行的理念，引导公众了解和选择公交出行。

三是紧跟新闻热点，报道突发事件。在新冠疫情、郑州极端暴雨等突发热点事件发生后，第一时间安排记者前往现场或通过当地通联队伍开展采访工作，报道行业各方面采取的应对措施和效果。在新闻报道基础上，邀请行业专家进行研讨，为事件应对和行业发展提供建设性建议。

三、严格落实意识形态工作责任制

建立意识形态工作责任制,是加强党对意识形态工作全面领导的重大举措,也是坚持马克思主义在意识形态领域指导地位这一根本制度的重要体现。将意识形态工作纳入党建工作责任制目标考核中,按照"一岗双责"要求,党支部书记为第一责任人,其他支委成员分工负责。完善意识形态工作分析研判制度,定期分析研判意识形态领域情况,掌握党员干部的思想动态和倾向性问题,对有错误思想苗头的干部职工及时提醒,提高政治鉴别力。建立完善意识形态工作检查考核制度,检查考核每年至少一次,纳入支部党员考评。

第五节 加强和改进思想政治工作

思想政治工作是经济工作和其他一切工作的生命线,是我们党的优良传统、鲜明特色和突出政治优势。党的十八大以来,习近平总书记多次作出重要论述,深刻阐明了新时代思想政治工作的重大意义、根本任务、方针原则、基本要求,丰富和发展了我们党对思想政治工作的规律性认识,为做好思想政治工作提供了根本遵循。2021 年 7 月,中共中央、国务院印发了《关于新时代加强和改进思想政治工作的意见》,为做好思想政治工作提供了科学指引和制度遵循。

一、牢牢掌握思想政治工作的领导权和主动权

思想领域的阵地马克思主义不去占领,非马克思主义和反马克思主义的东西就必然会去占领。当前,社会思想多样、社会价值多元、

第三章　坚持不懈强化理论武装

社会思潮多变的形势对做好基层思想政治工作提出了新的更高要求。新的征程上，要坚持和加强党的全面领导，把思想政治工作贯穿党支部建设各方面各环节，牢牢掌握工作的领导权和主动权。深入开展中国特色社会主义和中国梦宣传教育，弘扬民族精神和时代精神，加强爱国主义、集体主义、社会主义教育，加强马克思主义唯物论和无神论教育。加强教育引导、实践养成、制度保障，实现社会主义核心价值观在交通运输部系统落地生根。落实党员干部思想动态分析报告制度，对重点人、重点事要高度重视，通过春风化雨的方式，潜移默化地对其影响和引导。

案例卡片

交通运输部水运科学研究院发展中心党支部创新思想教育宣传平台，加强建设宣传阵地——文化墙，在定期宣讲党中央最新精神，展示中心贯彻落实部党组和院党委相关要求成果的基础上，进一步展示中心各层次、各领域的业务成果与职工生活精神风貌风采。持续培树院级3名优秀职工典型，中心3名优秀职工典型，依托宣传墙做好优秀职工、党员宣传与激励工作，积极树立榜样力量，培育"人人学习、人人进步"的良好氛围。建立党支部"谈心谈话"常态化机制，培育"常谈心、勤交流"的沟通文化，增强党员群众队伍凝聚力。构建支部党务干部的梯队培养体系，制定具体培养计划，定期邀请青年职工参与主题教育活动，深入感受党建文化，并引导鼓励青年职工了解党支部工作内容与党员荣誉。

二、促进思想政治工作和中心工作的融合共进

《关于新时代加强和改进思想政治工作的意见》指出,要坚持服务党和国家工作大局,全面贯彻党的基本理论、基本路线、基本方略,坚持系统观念,把思想政治工作与经济建设和其他各项工作结合起来,为党和国家中心工作提供有力政治和思想保障。党支部在开展思想政治工作中,存在着难以和中心工作相结合、难以和解决问题相结合的情况,这导致其缺乏活动成效。因此,党支部思想政治工作要适应中心工作需要,要紧密结合解决问题的需要,选准"结合点",做到思想政治工作与中心工作相融合,实现党建促进业务、业务体现党建的"双赢"。要及时了解掌握、分析研判党员干部思想动态和工作表现,有针对性地给予鼓励鞭策、提醒帮助。领导班子成员、党支部负责人要经常、主动同党员干部特别是年轻党员干部谈心谈话,尤其要把握岗位变动、发生家庭变故、发现苗头性问题等重要节点开展谈心谈话,坦诚相见、交流思想,既严格要求又关心关爱,把解决思想问题与解决实际困难结合起来,做到思想上解惑、精神上解忧、心理上解压、生活上解难,充分调动党员干部干事创业、担当作为的积极性。

三、创新丰富方式方法和载体

思想政治工作是一把"金钥匙",任何时候都离不开。《关于新时代加强和改进思想政治工作的意见》指出,要坚持遵循思想政治工作规律,把显性教育与隐性教育、广泛覆盖与分类指导结合起来,因地、因人、因事、因时制宜开展工作;要坚持守正创新,推进理念创新、

手段创新、基层工作创新,使新时代思想政治工作始终保持生机活力。这就要求思想政治工作要紧跟时代的变化,根据出现的新情况和新问题,不断改进和创新工作方法,增强思想政治工作的针对性和实效性。坚持用党的创新理论武装头脑,特别是把学习教育融入生产工作中,引导党员把树立远大理想、坚定信仰信念和岗位工作结合起来。坚持与时俱进改进工作理念与方式,用好"一对一""面对面"谈心谈话,特别是注重用微信、QQ等工具,"倾听式"与党员群众"私聊",引导党员群众把问题说透、把问题谈开,党员群众往往反映"豁然开朗"。坚持用真情感染,真正让"金钥匙"发光,不能一上来就不问青红皂白扣帽子打板子,不能不切实际地画大饼,要从情感上接近、从语言上亲近,用兄长情、同志爱去关怀,帮助党员群众攻克思想上的道道难关,直抵人的内心。坚持建设好、丰富好、完善好载体,坚持分类指导,依托单位共有平台和支部自有平台,对于不同对象开展针对性的思想教育工作。

案例卡片

长江三峡通航管理局葛洲坝船闸管理处党支部坚持丰富新时代思想政治工作载体,筑牢"生命线"。

一是以新思想武装。认真学习贯彻习近平新时代中国特色社会主义思想,以"三会一课"为依托,创新学习方式,广泛开展研讨,做到全体党员动起来、学起来、悟起来。

二是以新载体创新。发挥新媒体作用,坚持用视频记录船闸大修、疫情防控、运行管理等工作点滴,讲好通航故事、影留

新时代交通运输部系统党支部建设

工作瞬间、展示人物风采。近3年来,制作发布短视频60多个,多个视频在中央媒体、交通运输部微信平台、长江航运公众号发布。

三是以新典型引领。坚持以典型传承通航精神,当年照亮通航人心灵的胡萍、在二号闸工作时就在构思"排档法"的罗静①等先进照亮了新时代的葛闸人。"新时代杨门女将"杨冰、轻伤不下火线的高级工程师蒲浩清……一批充满正能量的新时代船闸人不断涌现出来。

---

① 罗静,女,1967年生,中共党员,全国先进工作者,享受国务院政府特殊津贴。她从事三峡至葛洲坝枢纽河段通航指挥工作20余年,在长期的实践中锤炼出船舶快速过坝的调度指挥和安全管控工作方法。2004年10月,交通部以罗静的名字将其命名为"罗静排档法",此方法开创了我国船闸运行排档的新工艺,填补了相关技术空白。

第四章　全面提升组织力

党的力量来自组织，组织能使力量倍增。组织力是组织生命力的具体体现，是为实现党的纲领、目标和任务，而将相关资源有效组织起来的能力。习近平总书记指出，要以提升组织力为重点，突出政治功能，把企业、农村、机关、学校、科研院所、街道社区、社会组织等基层党组织建设成为宣传党的主张、贯彻党的决定、领导基层治理、团结动员群众、推动改革发展的坚强战斗堡垒。[①] 这是对新时代党的基层组织建设提出的新要求。新的征程上，交通运输部系统党支部肩负加快建设交通强国的历史使命，必须提升组织力，夯实党在交通运输的执政根基，推进党支部建设高质量发展。

---

① 《习近平谈治国理政》第 3 卷，外文出版社 2020 年版，第 51 页。

第一节 优化党支部组织设置

党支部有没有组织力，首先取决于党支部设置优不优。要深化落实《中国共产党支部工作条例（试行）》《中共交通运输部党组关于全面加强新时代党支部建设的意见》要求，优化组织设置，理顺隶属关系，创新活动方式，扩大基层党的组织覆盖和工作覆盖，确保党的全面领导在交通运输落地生根。

一、健全优化组织设置

健全优化组织设置，必须按照规范、务实、管用原则，做到应建尽建、运行高效、调整及时。对于符合组建党组织条件的，做到应建尽建；对于暂不具备组建条件的，采取加大发展党员力度，建立联合党组织等方式，推动党的组织和工作覆盖。按照有利于加强党的领导、有利于开展党的组织生活、有利于党员教育管理监督、有利于密切联系群众的原则，探索创新党组织设置方式，确保每一名党员都纳入党组织的有效管理。通过建强以党组织为核心的组织体系，推动基层拧成"一股绳"、合成"一张网"，形成高效的组织和工作全覆盖，真正做到哪里有群众哪里就有党组织、哪里有党员哪里就有党组织、哪里有党组织哪里就有健全的组织生活和党组织作用的充分发挥。

《中共交通运输部党组关于全面加强新时代党支部建设的意见》指出：按照单独组建为主的要求，全面规范基层单位及其内设机构、工作船艇、工程工地、工作站点、工作项目等党支部设置。巡视巡察组、审查调查组、临时出国（境）团组，1个月以上的脱产培训班以

第四章　全面提升组织力

及为执行交通应急抢险等任务临时组建的机构，按规定成立临时党支部。这就为交通运输部系统党支部加强组织建设，确保党组织设置全覆盖提供了基本遵循。

案例卡片

2020年以来，新冠肺炎疫情暴发后，船舶流动性大，船员来源复杂的特点给船舶防疫工作带来了巨大压力。为全面落实上级有关船舶防控新冠肺炎疫情工作要求，广西钦州港区海事处党支部牵头，组织辖区码头、港作船业主和水工施工等单位党支部成立了钦州港区船舶防控新冠肺炎疫情工作临时党支部，将党建战斗堡垒前移，充分发挥党支部的战斗堡垒作用和党员先锋模范作用。

延伸阅读

中共中央办公厅印发的《关于加强新时代离退休干部党的建设工作的意见》提出"强化组织功能，进一步把离退休干部党员组织凝聚起来"，从扩大组织覆盖方面作出明确规定。

一是规范党组织设置。提出对党员组织关系在原单位的，一般应单独建立党支部；党员人数较多的党支部，可按照便于开展活动原则划分若干党小组。强调探索规范在离退休干部党员集中居住地、活动学习场所、志愿服务组织、社团组织中建立基层党组织或临时党组织。对具备转移组织关系条件的离退休干部流动党员，及时做好组织关系转接工作。按照党中央有关规定，国有企业退休干部党员要把组织关系转入相应街道和社区党组织。

新时代交通运输部系统党支部建设

二是加强党组织班子建设。强调选配党性强、威信高、经验丰富、乐于奉献、身体较好、相对年轻的离退休干部党员担任党组织书记。明确党组织班子成员因身体健康状况等原因不能正常履职或出现空缺的，应及时调整补充。强调按期做好离退休干部党支部换届工作。

三是提出开展创建示范党支部活动。明确"组织设置好、班子建设好、党员队伍好、学习活动好、作用发挥好、制度坚持好"的标准要求。

案例卡片

广西贵港海事局退休党支部秉承"离岗不离党，退休不褪色"的奋斗热情，根据有利于教育管理、有利于发挥作用、有利于参加活动的原则，成立退休党支部。坚持因人而异，规范组织生活和日常管理。将党员分成身体条件较好且较活跃的，每月定期组织开展现场活动；身体条件较差、年老体弱、行动不便的，利用微信群等方式开展活动；长期异地居住的、居住地距离活动地较远的，通过定期电话联系、微信联系等方式开展活动，适时开展集中谈心谈话，每月开展主题党日活动，切实做到因人而异且一个不落。通过开展有声有色有质量的活动，支部建设有力有效有温度，切实提升离退休党建工作的质量，为贵港海事退休人员党员管理高质量发展起好步开好局。

二、党支部设立基本程序

《中国共产党支部工作条例（试行）》第二章第六条规定了党支部设立的基本程序，包括申请、批复、成立、备案四个环节。党支部的成立，一般由基层单位提出申请；所在乡镇（街道）或者单位基层党委召开会议研究决定并批复，批复时间一般不超过1个月；基层党委审批同意后，基层单位召开党员大会选举产生党支部委员会或者不设委员会的党支部书记、副书记；批复和选举结果由基层党委报上级党委组织部门备案。

党支部成立可分为以下七个步骤：①基层单位提出申请。向上级党组织上报申请建立党支部的请示。请示的内容一般包括建立单位的工作性质、人员数量等简要情况；现有正式党员、预备党员的数量，建立党支部的依据和理由；党支部委员会的组成人员和委员设置方案等。②上级党组织审批。上级党组织批准建立党支部后召开支部党员大会。③党支部上报候选人。党支部上报党支部委员会候选人预备人选或不设委员会的书记、副书记候选人建议人选。④上级党组织审查候选人。报上级党组织审查同意后，提交党员大会进行选举。⑤召开党员大会选举。不设支部委员会的：直接召开党员大会选举产生书记、副书记。选举出的书记、副书记，报上级党组织批准。设支部委员会的：选举产生的支部委员会，召开第一次支部委员会议，选举产生书记、副书记，并对委员进行分工。选出的委员，报上级党组织备案；选出的书记、副书记，报上级党组织批准。⑥党支部上报选举结果报告。向上级党组织上报选举结果的报告。报告主要内容包括支部党员大会选举结果，党支部委员会选举结果以及党支部委员的分工情况等。⑦上级党组织审批。上级党组织批复。党支部正式成立。

三、党支部调整和撤销的程序

根据《中国共产党支部工作条例（试行）》第二章第七条规定：对因党员人数或者所在单位、区域等发生变化，不再符合设立条件的党支部，上级党组织应当及时予以调整或者撤销。党支部的调整和撤销，一般由党支部报所在乡镇（街道）或者单位基层党委批准，也可以由所在乡镇（街道）或者单位基层党委直接作出决定，并报上级党委组织部门备案。党支部由于党员减少，正式党员不足3人时，如果工作需要，在6个月内就能增加党员到3人或者3人以上的情况下，可报请上级党组织同意，保留党支部；但是，这样的党支部不能形成决议或者决定重大问题。如果超过6个月不能增加党员，应当报上级党组织批准撤销该党支部。

> **延伸阅读**
>
> ### 联合党支部
>
> 《中国共产党支部工作条例（试行）》第二章第五条规定：正式党员不足3人的单位，应当按照地域相邻、行业相近、规模适当、便于管理的原则，成立联合党支部。联合党支部覆盖单位一般不超过5个。

四、临时党支部的设立

《中国共产党支部工作条例（试行）》第二章第八条规定：为执行

第四章 全面提升组织力

某项任务临时组建的机构，党员组织关系不转接的，经上级党组织批准，可以成立临时党支部。临时党支部主要组织党员开展政治学习，教育、管理、监督党员，对入党积极分子进行教育培养等，一般不发展党员、处分处置党员，不收缴党费，不选举党代表大会代表和进行换届。临时党支部书记、副书记和委员由批准其成立的党组织指定。临时组建的机构撤销后，临时党支部自然撤销。实践证明，临时党支部的设立，对于加强党对交通运输工作的全面领导，严肃党内政治生活，从严加强监督管理，从而确保外出工作党员政治理论学习不掉线、廉政作风监督不松劲、关心疏导服务不降温，具有重要作用。上海河口海岸科学研究中心（以下简称"中心"）工程勘测室主要承担中心所承接的各类科研课题现场观测任务，该室现有党员3名，来自中心党委直属第二党支部。以上述党员为主体成立的临时党支部，在重大课题现场观测任务实施过程中勇立潮头、担当作为，充分发挥了基层党组织的强大政治引领和战斗堡垒作用，展示了党支部把方向、管大局、促发展的良好形象。

案例卡片

交通运输部公路科学研究院所属北京公科飞达交通工程发展有限公司党支部发扬党"支部建在连上"的优良传统，树立"党的工作到项目"的鲜明导向，在参建的广东汕湛高速公路惠州至清远段机电工程建设中建立临时党支部，成立"党员突击队"，下设5个"突击组"，将党建引领融入项目实施进度、质量、界面协调等各项问题的解决之中，切实发挥战斗堡垒作用，取得了党建工作和业务工作的双赢成果。

> **延伸阅读**
>
> 2018年4月,中共交通运输部党组印发《关于贯彻落实新时代党的建设总要求 推动全面从严治党向纵深发展的意见》指出:加强交通涉外合作交流机构党的领导和党的建设,出国组团等要按有关规定建立临时党支部,确保交通运输业务工作开展到哪里,党的工作就跟进到哪里,党的组织建设就覆盖到哪里。

第二节 完善党支部工作机制

党支部开展工作,包括组织领导、议事决策、日常运行等,必须要有相应的机构和健全的机制。《中国共产党支部工作条例(试行)》将党支部工作机制主要设计为党支部党员大会、党支部委员会及其会议、党小组及其会议,并对各个会议召开的频次、职权和任务、程序等作出明确规定。交通运输部系统各级党组织要规范党支部党员大会、党支部委员会、党小组的职责和运行方式,不断增强党支部建设的标准化规范化。

一、规范党支部党员大会及其工作机制

《中国共产党支部工作条例(试行)》第四章第十一条明确了党支部党员大会的定位、职权、开会频次、表决条件、通过条件、召集主持等内容。党支部党员大会是党支部的议事决策机构,其职权是:听

取和审查党支部委员会的工作报告；按照规定开展党支部选举工作，推荐出席上级党代表大会的代表候选人，选举出席上级党代表大会的代表；讨论和表决接收预备党员和预备党员转正、延长预备期或者取消预备党员资格；讨论决定对党员的表彰表扬、组织处置和纪律处分；决定其他重要事项。一般每季度召开1次。党支部可以根据工作需要，提前召开党员大会或适当增加大会次数。无特殊情况，一般不宜推迟举行。党支部党员大会议题提交表决前，应当经过充分讨论。表决必须有半数以上有表决权的党员到会方可进行，赞成人数超过应到会有表决权的党员的半数为通过。凡属提交支部党员大会讨论决定的重要问题，一般都应作出决议或决定。党支部党员大会作出的决定或通过的决议，按规定需要上级党组织审批的，要报上级党组织审批。上级党组织批准后，要及时向党员公布。对党支部党员大会作出的决议，党支部委员会要认真研究，制定具体措施和办法，组织贯彻落实，不能随意修改或不执行；党支部的每个党员都必须服从，并认真贯彻执行，对个别党员因故没有参加会议的，党支部书记或支部委员要在会后向他们传达会议的决议。

二、规范党支部委员会及其工作机制

《中国共产党支部工作条例（试行）》第四章第十二条规定：党支部委员会是党支部日常工作的领导机构。党支部委员会会议一般每月召开1次，根据需要可以随时召开，对党支部重要工作进行讨论、作出决定等。党支部委员会会议须有半数以上委员到会方可进行。重要事项提交党员大会决定前，一般应当经党支部委员会会议讨论。

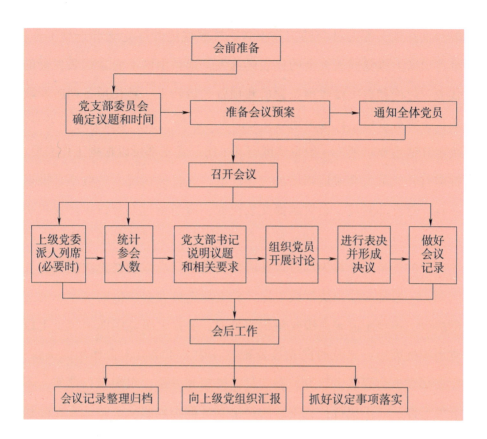

★ 党支部党员大会程序

党支部委员会会议的召开程序可分为4个步骤。①明确会议议题。根据实际情况，分清主次、轻重缓急，在与支部委员沟通的基础上，确定会议要解决的主要问题。②做好开会准备工作。提前将会议的议题、时间、地点等通知到每个委员，让他们安排好工作，做好思想准备和发言准备，保证出席。如果支委会是研究决定重大问题，会前要广泛听取党内外的意见，为会上讨论决策提供依据。为了便于统一认识，党支部书记可以在会前就研究的有关问题同各个委员做好会前沟通，交换意见。③充分发扬民主。开会时，党支部书记要注意搞"群言堂",使党支部各委员畅所欲言,各抒己见,坚决防止个人武断和任意决定重大问题。党支部委员要增强全局观念,坚持集体领导的原则,积极参加讨论,充分发表自己的意见。在讨论中,如果有重大分歧,除必须紧急决定的外,可以保留到下次会议继续讨论。如下一次会议仍然无法统一,党支部书记负责把两种不同的意见同时报上级党组织或向支部党员大会汇报。最后按上级党组织或支部党员大会的决定执行。按照党的民主集中制原则,党支部委员会会议讨论决定重大问题时,到会委员必须超过党支部委员人数的半数才有效。抓住主要问题开好支委会。党支部委员会会议不要事无巨细,不能把应由各委员分工处理的事都拿到会上讨论,也不能把很多需要研究的问题都拿到会上讨论,每次会议要集中解决一两个问题。要开短会,讲求效率。④做好会议记录。党支部委员会会议要认真记录。记录的内容包括会议的时间、地点、出席与缺席人员、列席人员、主持人、议题,每个委员发言的摘要,通过的决议等。

三、规范党小组及其工作机制

习近平总书记强调,要重视建强党小组,发挥党小组作用。[①] 党小组,不是党的一级组织,只是在党支部委员会领导下对党员进行管理的一种组织形式。《中国共产党支部工作条例(试行)》规定,党员人数较多或者党员工作地、居住地比较分散的党支部,按照便于组织开展活动原则,应当划分若干党小组,并设立党小组组长。党小组组长由党支部指定,也可以由所在党小组党员推荐产生。党小组主要落

---

① 习近平:《在中央和国家机关党的建设工作会议上的讲话》,《求是》2019年第21期。

实党支部工作要求，完成党支部安排的任务。党小组会一般每月召开1次，组织党员参加政治学习、谈心谈话、开展批评和自我批评等。《中央和国家机关党小组工作规则（试行）》规定：中央和国家机关各部门应当把党小组建设情况纳入各级党组织书记抓基层党建述职评议考核的重要内容，党员领导干部带头参加所在党小组活动，指导督促党支部按照应建尽建原则完善党小组设置，规范党小组活动，加强党小组组长教育培训，不断提高党小组工作质量。

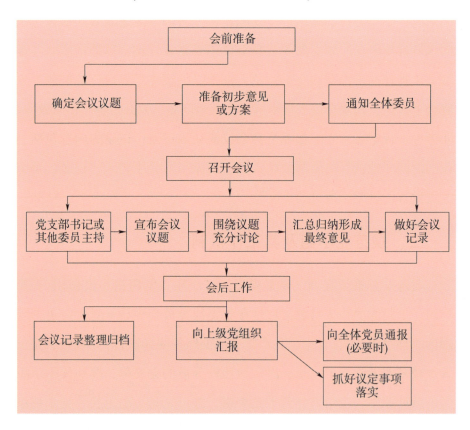

★ 党支部委员会会议程序

党小组会是党小组活动的主要形式之一，也是党支部组织生活的一

第四章 全面提升组织力

个重要组成部分。开好党小组会，要注意以下几个问题：①选好时间。由于党小组会的次数比较频繁，所以在选择会议时间上，既要考虑党员能够集中，又要考虑业务、生产的实际情况。②确定内容。党小组长要与党支部沟通情况，确定会议内容。党支部要明确提出支部的中心工作和党支部近一时期的具体任务，根据该小组党员的实际状况来确定会议内容。要做到会议内容集中，主题突出，重点解决一两个问题，切忌面面俱到。③带头讨论。党小组长要引导党员畅所欲言，充分发表意见。④贯彻落实。党小组长要根据大家的意见，形成贯彻落实的具体措施和方法，对会上提出的问题，要制定整改措施，认真加以解决。

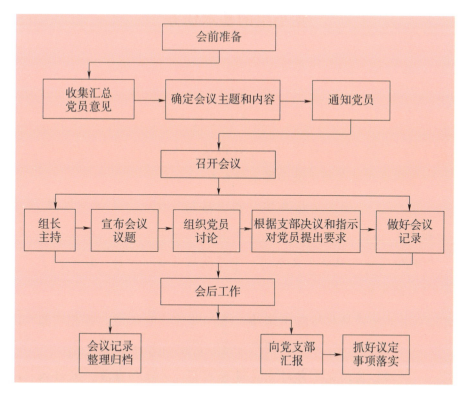

★ 党小组会程序

新时代交通运输部系统党支部建设

党支部委员会要加强对党小组工作的领导、指导和督促，发挥好党小组作用，积极为其开展工作提供有利条件。充分发挥党小组与党员联系紧密、组织活动便利的作用，落实党支部要求，完成党支部安排的任务，积极开展党内活动，但不能以党小组活动代替党支部活动。对工作开展不力的党小组组长要进行约谈或者调整。党小组每年年底应当向党支部报告本年度工作情况。

> **延伸阅读**
>
> ## 党小组的基本任务
>
> （一）突出政治功能，教育引导党员带头增强"四个意识"，坚定"四个自信"，做到"两个维护"，在深入学习贯彻习近平新时代中国特色社会主义思想上作表率，在始终同以习近平同志为核心的党中央保持高度一致上作表率，在坚决贯彻落实党中央各项决策部署上作表率；
>
> （二）组织党员认真学习马克思列宁主义、毛泽东思想、邓小平理论、"三个代表"重要思想、科学发展观、习近平新时代中国特色社会主义思想，学习党的路线、方针、政策，学习党的基本知识等；
>
> （三）严格党的组织生活，深入进行谈心谈话，认真开展批评和自我批评，组织和督促党员按时参加党的活动；
>
> （四）协助党支部对党员进行教育、管理和监督，做好入党积极分子和发展对象培养教育、预备党员考察、党费收缴等日

第四章 全面提升组织力

常工作，关心党员的思想、工作、学习、生活等情况，及时向党支部反映党员的意见建议和实际困难；

（五）组织党员做好群众工作，经常向群众宣传党的基本理论、基本路线、基本方略，做好群众的思想政治工作，及时向党支部反映群众的意见和诉求；

（六）坚决贯彻落实党中央决策部署，推进本部门本单位中心工作，执行上级党组织决议，完成党支部交办的任务。

——摘自中央和国家机关工委《中央和国家机关党小组工作规则（试行）》（2019年4月22日）

第三节 严格党支部组织生活

党的组织生活是党内政治生活的重要内容和载体，是党组织对党员进行教育管理监督的重要形式。习近平总书记高度重视党支部组织生活，提出参加支部生活是共产党员应尽的义务，强调要坚持"三会一课"制度，并带头参加所在党支部组织生活，为全党作出表率。党支部应按照经常、认真、严肃的要求，开展"三会一课"、主题党日、组织生活会、民主评议党员、谈心谈话等组织生活，创新方式方法，增强党的组织生活活力。

延伸阅读

严格党的组织生活是无产阶级政党区别于其他政党的一个重

新时代交通运输部系统党支部建设

> 要标志。1847年,马克思和恩格斯在将"正义者同盟"改造为先进的"共产主义者同盟"时,将定期召开会议和实行盟员与同盟组织联系制度确立为同盟组织生活的重要内容。1903年,列宁在俄国社会民主工党第二次代表大会上,坚持把参加党的一个组织并开展组织生活作为党员必备的条件之一,这是无产阶级政党史上的一个创举,是列宁对无产阶级政党组织生活的重要理论贡献。

一、坚持"三会一课"制度

"三会一课"制度是我们党注重思想建党,严密党的组织,增强党的创造力、凝聚力和战斗力的鲜明体现及制度安排。习近平总书记指出:"'三会一课'制度是一个很好的制度,我们党在武装斗争时期就强调支部建在连上,从三湾改编,到古田会议,就开始政治建军,强调党的基层组织建设。对于'三会一课'制度,我们支部是认真执行的,从中央、从我本人做起,以上率下,要认真地做好这个事情。我们在座的每个人,都是一名普通的共产党员,在党内生活中是平等的。在党内平等地过组织生活,这是遵守党章、做一名合格共产党员的基本要求。"[①] 回顾党的历史,1982年2月,中共中央宣传部、中央组织部出台的《关于加强党员教育健全党的组织生活的意见》指出:"要恢复和健全过去行之有效的'三会一课'制度,定期召开支部大会、支部委员会、党小组会和上好党课。"1982年党的十二大通过的

---

① 《习近平谈治国理政》第2卷,外文出版社2017年版,第192页。

党章第三十一条规定："设立委员会的基层组织的党员大会或代表大会，一般每年召开一次。总支部党员大会，一般每年召开两次。支部委员大会，一般每三个月召开一次。"党章的这些规定为基层党组织实行和坚持"三会一课"制度提供了依据。

2005年1月3日，中共中央发布《建立健全教育、制度、监督并重的惩治和预防腐败体系实施纲要》，明确提出要"善于运用'三会一课'等传统教育手段"在全党开展反腐倡廉教育；2006年6月21日，中共中央办公厅印发《关于加强党员经常性教育的意见》，提出要"认真执行'三会一课'制度"；2009年9月，党的十七届四中全会通过《中共中央关于加强和改进新形势下党的建设若干重大问题的决定》，重申"坚持和完善'三会一课'制度"。

党的十八大以来，在党的群众路线教育实践活动、"三严三实"专题教育、"两学一做"学习教育中，"三会一课"制度从内容到形式进一步丰富完善，成为加强基层党组织建设的一项基本制度。2016年10月，党的十八届六中全会通过的《关于新形势下党内政治生活的若干准则》明确提出："坚持'三会一课'制度。党员必须参加党员大会、党小组会和上党课，党支部要定期召开支部委员会会议。'三会一课'要突出政治学习和教育，突出党性锻炼，坚决防止表面化、形式化、娱乐化、庸俗化。领导干部要以普通党员身份参加所在党支部或党小组的组织生活，坚持党员领导干部讲党课制度。每个党员都要按规定自觉交纳党费，党费使用和管理要公开透明。"这是我们党第一次以党内准则的形式，完整地将"三会一课"制度作为党内生活基本制度固定下来，为"三会一课"这项具有深厚革命传统积淀的制度在当下的发展指出了重点、明确了方向，赋予了新的使命。2017年3

新时代交通运输部系统党支部建设

月,中共中央办公厅印发《关于推进"两学一做"学习教育常态化制度化的意见》指出:"基层党组织要以'三会一课'为基本制度,以党支部为基本单位,把'两学一做'作为党员教育的基本内容,长期坚持、形成常态。"意见还指出:"党支部要制定年度'三会一课'计划并报上级党组织备案,如实记录'三会一课'开展情况,对没有正当理由长期不参加'三会一课'的党员,要进行批评教育,促其改正。上级党组织要对党支部执行'三会一课'情况进行指导检查,对不经常、不认真、不严肃的,要批评指正;情况严重的,要采取整顿等措施,进行组织处理。"2017年10月,党的十九大报告强调,要"坚持'三会一课'制度"。

《中国共产党支部工作条例(试行)》第五章第十六条规定:"三会一课"应当突出政治学习和教育,突出党性锻炼,以"两学一做"为主要内容,结合党员思想和工作实际,确定主题和具体方式,做到形式多样、氛围庄重。《中共交通运输部党组关于全面加强新时代党支部建设的意见》规定:按照经常、认真、严肃的要求,开展"三会一课"、主题党日、组织生活会、民主评议党员、专题党性分析、谈心谈话等组织生活,党员领导干部带头参加双重组织生活,确保党支部每月至少开展一次高质量的组织生活。

延伸阅读

中国共产党遵循马克思主义的建党原则,自诞生之日起就高度重视党的组织生活制度建设。建党初期,组织生活紧紧围绕党的政治路线和任务开展,并通过党纲和党章进行统一规范。

第四章　全面提升组织力

革命时期,在党的组织生活中,党的领导干部同普通党员一样,是平等的,不能有任何特殊之处。从 1950 年开始,在基层支部逐步明确了"三会一课"制度,同时明确基层党员负责干部兼任党课辅导员。党的十一届五中全会通过的《关于党内政治生活的若干准则》明确规定,每个党员不论职务高低,都必须编入党的一个组织,参加组织生活。党的十二大将这一原则的基本内容写入党章。此后,党章虽经修改,但这一重要原则被保持并巩固下来,确立为党的组织生活的基本政治规范和制度基础。

案例卡片

烟台打捞局党委实施"熔炉"工程,推动组织生活质量有力提升。高标准落实"三会一课"、主题党日,明确每月 20 日为固定的全局党支部主题党日时间,每次组织生活有计划、有主题、有载体、有实效,确保每月至少开展一次高质量的组织生活。创新用好重温誓词、入党志愿书、集体过政治生日等形式,用好"灯塔在线""学习强国"学习平台,用好微信群、公众号等载体,探索"互联网+党支部"有效模式,让船员党员、离退休党员在"微时间"中受教育。

二、严格主题党日

1936 年 9 月,中国工农红军第十五军团政治部《关于党支部工作的总结》明确规定"每个星期日及星期三的党日用来上党课召开党的

新时代交通运输部系统党支部建设

会议等"。1978年颁布的《中国人民解放军政治工作条例》提出"党日制度",规定"每周用半天时间进行党的组织活动"。2006年6月,中共中央办公厅印发的《关于做好党员联系和服务群众工作的意见》要求,"党员要积极参加党组织开展的以服务群众为主要内容的主题实践活动",开始出现"主题实践活动"概念。2016年3月,"两学一做"学习教育开始后,为了保证党员的学习时间,各地纷纷利用"党员活动日"安排党员集中学习研讨,完全激活了"党员活动日",提升了"党员活动日"在党支部组织生活中的地位。2017年3月,中共中央办公厅印发《关于推进"两学一做"学习教育常态化制度化的意见》,标志着"主题党日"在全国全面推行。可见,"主题党日"是我党历史上"党日制度""党员活动日"制度、"党员主题实践活动"的延续和集大成,汲取了党在革命、建设和改革历程中积累的诸多党支部建设宝贵经验,是党的组织生活的重要创新。

《中国共产党支部工作条例(试行)》第五章第十六条规定:党支部每月相对固定1天开展主题党日,组织党员集中学习、过组织生活、进行民主议事和志愿服务等。主题党日为党内政治生活的一项基础制度,是强化党员党性修养的有效抓手。

延伸阅读

严格主题党日的有关规定

第二十条 主题党日以党支部为基本单位,也可以基层党委、党总支或者党小组为单位,每月相对固定1天开展。

> 主题党日可以结合"三会一课"进行,组织党员集中学习、上党课、过组织生活、进行民主议事和志愿服务等。鼓励各级党组织探索创新,积极开展形式多样的主题党日。充分利用中央和国家机关的光荣历史以及爱国主义教育基地、党性教育基地等红色资源,开展党性教育。
>
> **第二十一条** 主题党日姓"党",应当突出政治性,并严格遵守中央八项规定及其实施细则精神,厉行节约、务求实效,力戒形式主义。
>
> ——摘自中央和国家机关工委《中央和国家机关严格党的组织生活制度的若干规定(试行)》(2019年4月22日)

三、开展好组织生活会

《中国共产党支部工作条例(试行)》第五章第十七条规定:党支部每年至少召开1次组织生活会,一般安排在第四季度,也可以根据工作需要随时召开。组织生活会一般以党支部党员大会、党支部委员会会议或者党小组会形式召开。组织生活会应当确定主题,会前认真学习,谈心谈话,听取意见;会上查摆问题,开展批评和自我批评,明确整改方向;会后制定整改措施,逐一整改落实。

组织生活会的工作流程。党支部书记与上级党组织沟通情况,听取对开好组织生活会的意见和要求。深入实际调查研究,确定会议解决的主要问题。广泛开展谈心活动,党支部委员之间、党支部委员和党员之间、党员和党员之间开展谈心,征求意见,找出问题和不足。

将会议的时间、地点提前通知党员，让党员安排好工作和其他事宜，保证按时参加会议。党支部中有党员领导干部的，应当事先征求党内外群众对其的意见，在会前反馈给本人。组织生活会一般由党支部书记（党小组组长）主持。主持人首先要宣布党员到会情况和会议着重解决的问题。然后组织引导党员开展批评和自我批评。

组织生活会的基本方法。要引导党员联系思想实际，认真检查自己的工作、学习情况。注意不要把组织生活会开成不联系思想实际而泛泛谈工作的"工作汇报会"。选好第一个发言和第一个提批评意见的同志。党支部书记（党小组组长）应当有意提示让敢于解剖自己、敢于开展批评的同志首先发言。领导应当带头。每名党员在作完自我批评之后，要发动大家客观地指出这名党员的问题。要防止把组织生活会开成单纯的"自我小结会"。对问题比较多的党员，采取重点剖析的方法，组织党员剖析产生问题的原因，既吸取教训，也教育大家。

延伸阅读

组织生活会的注意事项

（一）教育党员既要勇于解剖自己，开展自我批评，又要以对同志、对党高度负责的精神敢于批评别人。

（二）坚持团结——批评——团结的方针。对同志存在的缺点和错误，要从负责的、团结的愿望出发开展批评，并以解决问题、增进团结为目的，反对抓住问题不放、无限上纲上线、伤害同志的做法。

（三）党支部书记（党小组组长）要精心组织，充分发挥作用，带头开展批评和自我批评，以身作则。

（四）每次组织生活会都要认真做好记录，写明开会日期、时间、地点，出席、缺席（说明原因）和列席人员名单，主持人、记录人等；记录要准确、清楚，不能随意增删、更改，重要内容要避免遗漏；记录要由专人保管，注意保密。

（五）要根据组织生活会上提出的问题制定整改措施，认真加以落实。

（六）组织生活会后，要向上级党组织汇报情况，请求上级党组织指示。

四、做好民主评议党员工作

《中国共产党支部工作条例（试行）》第五章第十八条规定：党支部一般每年开展1次民主评议党员，组织党员对照合格党员标准、对照入党誓词，联系个人实际进行党性分析。党支部召开党员大会，按照个人自评、党员互评、民主测评的程序，组织党员进行评议。党员人数较多的党支部，个人自评和党员互评可以在党小组内进行。党支部委员会会议或者党员大会根据评议情况和党员日常表现情况，提出评定意见。民主评议党员可以结合组织生活会一并进行。

在民主评议过程中，要坚持实事求是的原则，做到摆事实，讲道理。既不降低党员标准，又不提空泛、过高的要求；既要对照标准，严格要求，又不搞上纲上线，蓄意整人。要坚持人人平等的原则，党员在评议标准面前人人平等，无论普通党员还是党员领导干部，都要一视同仁，严格要求。民主评议为优秀的党员，党支部应当以适当形式进行表扬或者表彰，对工作表现突出的党员，报请上级党组织予以表彰。民主评议为不合格的党员，党组织应当根据其表现和态度，按照有关规定作出处理。

五、开展好谈心谈话活动

《中国共产党支部工作条例（试行）》第五章第十九条规定：党支部应当经常开展谈心谈话。党支部委员之间、党支部委员和党员之间、党员和党员之间，每年谈心谈话一般不少于1次。谈心谈话应当坦诚相见、交流思想、交换意见、帮助提高。党支部应当注重分析党员思想状况和心理状态。对家庭发生重大变故和出现重大困难、身心健康存在突出问题等情况的党员，党支部书记应当帮助做好心理疏导；对受到处分处置以及有不良反映的党员，党支部书记应当有针对性地做好思想政治工作。一般可以结合年度工作总结、组织生活会、民主评议党员、主题党日等进行。

谈心谈话要敞开心扉、以诚相见，见人见事见思想。要带着问题谈，主动亮明自身存在的突出问题，诚恳指出对方的问题，互相交换对班子存在问题的看法，深入探讨解决问题的意见建议，对一些有误解、有分歧的问题要敞开谈。要出以公心同志式地谈，有话讲在当面，有什么问题就提什么问题，是什么问题就摆什么问题，推心置腹、沟通思想，增进了解、共同提高。对拟批评的问题，会前要充分沟通和交换意见。谈心谈话情况要在专题民主生活会和组织生活会上作出说明。

第四章 全面提升组织力

> **案例卡片**
>
> 广西海事局机关第五党支部严格规范经常性谈心谈话制度,探索形成了具有五支部特色的"六必谈"制度,即党员"政治生日"必谈,工作"有变动或节点"必谈,群众"有反映"必谈,党员"表彰或处分"必谈,党员"遇困难挫折"必谈,党员"遇意见分歧"必谈。
>
>
>
> ★ 广西海事局机关第五党支部书记在与党员谈心谈话

六、开展好"七一"党性分析

针对一些党员干部党的意识、党员意识淡化和作风不严不实等问题,把握"七一"特殊节点,2014年4月,中共交通运输部党组出台了《关于建立党组织领导班子及党员领导干部定期党性分析机制的意见》,

就党性分析的指导思想、主要内容、实施方法和结果运用等作出规定。交通运输部系统各级党组织贯彻实施定期开展党性分析制度以来，从党组织领导班子集体、党员领导干部延伸到每个支部、每名党员，实现了全覆盖。实践证明，定期开展党性分析，为党组织和党员加强党性锻炼和作风养成，永葆先进性纯洁性提供了有效方法；为严肃党内政治生活，严明党的纪律规矩，营造良好的政治生态提供了有效途径。打铁还需自身硬，党性锻炼没有止境，百炼才能成钢。定期开展党性分析，是每名党员不断成长进步，做合格党员的客观要求。定期开展党性分析，对于弘扬党的好传统好作风，增强党组织团结带领干部职工攻坚克难的战斗力，发挥好党员领导干部的示范带头作用、党员的先锋模范作用意义十分重大。新的征程上，要坚持正面教育，严格程序方法，认真落实部党组关于建立党组织领导班子及党员领导干部定期党性分析机制的意见要求，开好党性分析会，勇于自我革命，确保取得实效。

第四节　加强党支部委员会建设

"火车快不快，全靠车头带"。《中国共产党支部工作条例（试行）》对党支部委员会的组成、任期、产生方式、党支部书记的选拔等党支部委员会建设作出了规范。交通运输部系统各级党组织要贯彻落实《中国共产党支部工作条例（试行）》，充分发挥党支部委员会功能作用，不断提升党支部的创造力、凝聚力、战斗力。

一、选好配强党支部书记

党支部书记是党支部委员会的带头人，是党支部发挥作用的关键。支部战斗力强不强，关键看党支部书记。《中国共产党支部工作条例（试行）》第六章第二十四条指出：上级党组织应当结合不同领域实际，突出政治标准，按照组织程序，采取多种方式，选拔符合条件的优秀党员担任党支部书记。机关、国有企业、事业单位，党支部书记一般由本部门本单位主要负责人担任，也可以由本部门本单位其他负责人担任。根据工作需要，上级党组织可以选派党员干部担任专职党支部书记。同时，《中国共产党支部工作条例（试行）》还要求，加强党支部书记后备队伍建设，注意发现优秀党员作为党支部书记后备人才培养，建立村、社区等领域党支部书记后备人才库。要按照习近平总书记提出的"政治上的明白人、党建工作的内行人、干部职工的贴心人"的要求把党支部书记选拔好培养好。

政治上的明白人。作为党支部的领头人，政治上可靠是首要条件。党支部书记是否具有一定的马克思主义理论基础，是否具备自觉运用马克思主义立场、观点和方法解决问题的自觉性，是否认真地学习和自觉践行习近平新时代中国特色社会主义思想，是否具有高度的政治敏锐性把控各种错综复杂的形势，是否在关键立场和重大事件面前，辨别是非，经得住各种风浪的考验，是保障党支部坚持正确的政治方向、政治立场的关键因素。党支部书记要时刻保持清醒的头脑，把握好政治方向，严格遵守党的各项纪律，抵制一切不正之风，为交通运输事业发展把好政治关。

党建工作的内行人。党支部书记要充分发挥示范引领作用，带头锤炼忠诚干净担当的政治品格，带头提高政治素质、政策理论水平、组织协调能力、群众工作本领，带头履职尽责。要善于把党建工作与业务工作有效结合，做到年度有计划、月度有安排、工作有载体、落实有督查，确保职责有效履行、任务有效完成。善于加强和改进思想政治工作，发扬党内民主，充分调动党员参与党支部工作的积极性主动性创造性，充分发挥党员的先锋模范作用，有效团结组织群众。自觉执行民主集中制，调动和发挥党支部委员会成员的作用，增强党支部委员会的整体功能。

干部职工的贴心人。党支部书记要坚持以人为本，注重人文关怀，善于引导人、鼓舞人、鞭策人，以诚心换真心，既讲道理又办实事，既解开思想疙瘩又解决实际困难，让干部职工感受到组织的关心和温暖，做到思想上解惑、精神上解忧、心理上解压、生活上解难。

延伸阅读

《怎样当好支部书记》

二、提升党支部委员的政治素质和业务能力

当前，交通运输部系统党支部肩负加快建设交通强国的历史使命，工作任务越来越重，工作和服务对象的要求也越来越高，面临的社会环境也越来越复杂，对党支部委员政治素质和业务能力提出了更高的要求。新时代提升党支部委员队伍素质和能力，要注重从教育培训、实践锻炼以及轮岗交流等方面着手。

加强教育培训。《中国共产党支部工作条例（试行）》第六章

第二十五条明确指出：上级党组织应当经常对党支部书记、副书记和其他委员进行培训。党支部书记培训纳入党员、干部教育培训规划，对新任党支部书记应当进行任职培训。2019年5月，《中共交通运输部党组贯彻落实中共中央〈关于加强和改进中央和国家机关党的建设的意见〉的实施意见》强调，选好配强党支部书记和委员，加强党支部委员履职培训，新任党支部书记须在任职6个月内接受集中培训。对党支部书记、副书记和其他委员的培训要突出理论教育和党性教育，深入开展理想信念和对党忠诚教育，切实提升以高质量党建引领事业发展的能力和水平。按照《中共交通运输部党组关于贯彻落实新时代党的建设总要求 推动全面从严治党向纵深发展的意见》等相关要求，紧紧围绕建设交通强国需要，聚焦党支部书记和其他委员工作需要、能力短板、知识弱项、经验盲区，重点提升统筹协调、群众工作、与中心工作深度融合发展等本领，增强党支部委员会整体功能。探索党支部委员队伍教育培训方式，积极开展党支部书记大培训，注重业务培训与党性锻炼有机结合；灵活采用案例式、体验式、讨论式等方法，综合运用现场教学、典型示范、研讨交流等形式，推广典型经验，增强教育培训的针对性、实效性。

注重在实践中锤炼提高能力。在实践中锻炼是提升能力的最好的课堂。积极投身新时代基层党建实践，在攻坚克难、推动落实中锻造"宽肩膀"、练就"真本领"。在落实重大部署、完成中心工作特别是急难险重任务中，加强政治历练、锤炼政治能力。围绕中心抓党建、抓好党建促业务，在一体推进党建工作和业务工作深度融合中，不断提升政治素养和专业本领。践行党的群众路线，熟悉中心工作，了解掌握党员干部所思所想所盼，不断提高做好思想政治工作和群众工作的能力。

强化轮岗交流。要把推进干部轮岗交流作为建强党支部委员会的重要举措，加强统筹谋划，作出通盘考虑。党组织、组织人事部门和业务部门要从实际出发，积极配合，互相支持，形成立足部门实际、体现部门特点的交流制度，使党务工作岗位成为提高素质、丰富阅历、施展才华、培养人才的岗位。及时发现、大力选拔敢于负责、勇于担当、善于作为、实绩突出的党务干部，交流到业务部门担任党支部班子成员，熟悉中心工作，提升事业发展本领，强化政治引领，促进党的建设与中心工作深度融合，助推加快交通强国建设。

延伸阅读

党支部委员会的职责

党支部委员会在党支部党员大会闭会期间，负责领导和处理党支部的日常工作。党支部委员会对党支部党员大会负责，同时，也向上级党组织负责，接受上级党组织领导和监督。其职责是：贯彻执行上级党组织的指示、决定和党支部党员大会的决议。做好对党员的教育、管理、监督、服务工作和发展党员工作，搞好党支部的自身建设。处理好党支部的日常事务，按期向党支部党员大会和上级党组织报告工作。开展经常性的思想政治工作，关心群众的政治、经济、文化生活。领导工会、共青团、妇女组织等群团组织工作，充分发挥其作用。保证监督行政工作的正确方向和任务的完成。

第四章 全面提升组织力

> **延伸阅读**
>
> ### 党支部书记、副书记、委员的职责
>
> 《中国共产党支部工作条例（试行）》第六章第二十二条规定：党支部书记主持党支部全面工作，督促党支部其他委员履行职责、发挥作用，抓好党支部委员会自身建设，向党支部委员会、党员大会和上级党组织报告工作。党支部副书记协助党支部书记开展工作。党支部其他委员按照职责分工开展工作。

三、做好党支部换届选举

《中国共产党章程》第五章第三十一条规定：党的基层委员会、总支部委员会、支部委员会每届任期3年至5年。《中国共产党基层组织选举工作条例》第三条规定：党的基层组织设立的委员会任期届满应当按期进行换届选举。如需延期或者提前进行换届选举，应当报上级党组织批准。延长或者提前期限一般不超过1年。

《中国共产党支部工作条例（试行）》第六章第二十一条规定：村、社区党支部委员会每届任期5年，其他基层单位党支部委员会一般每届任期3年。党支部委员会由党支部党员大会选举产生，党支部书记、副书记一般由党支部委员会会议选举产生，不设委员会的党支部书记、副书记由党支部党员大会选举产生。选出的党支部委员，报上级党组织备案；党支部书记、副书记，报上级党组织批准。党支部书记、副书记、委员出现空缺，应当及时进行补选。确有必要时，上

级党组织可以指派党支部书记或者副书记。根据党组织隶属关系和干部管理权限,上级党组织对任期届满的党支部,一般提前6个月以发函或者电话通知等形式,提醒做好换届准备。对需要延期或者提前换届的,应当认真审核、从严把关,延长或者提前期限一般不超过1年。

党支部委员会有下列情形之一的,经上级党组织批准,可以暂缓换届选举:党支部委员会处于软弱涣散或者瘫痪半瘫痪状态的;组织不纯,搞团团伙伙的;党支部主要负责人以权谋私,不正之风严重的等。对于这样的党支部,要先进行整顿,在此基础上创造条件,安排适当时候换届选举。对于有特殊原因,如任期届满时,党支部需要集中一段时间完成某项紧迫重要任务;遇到某些突发性事件或者自然灾害等,党支部必须全力以赴去处理的;党支部多数党员被派遣外出工作,召开党员大会有困难的,可暂缓进行换届选举。暂缓换届选举的党支部,应当由上级党组织确定或者批准,并在一定期限内换届选举。

延伸阅读

图解:党支部委员会换届选举工作的主要程序(上)

图解:党支部委员会换届选举工作的主要程序(下)

第四章　全面提升组织力

第五节　加强党员教育管理监督

每个党员都是党组织中的"细胞"。党员兴则党兴，党员强则党强。只有与时俱进创新党员教育管理理念、方式，从严从实抓好党员教育管理监督工作，才能让党的肌体拥有更多"活力细胞"，才能建设政治合格、执行纪律合格、品德合格、发挥作用合格的党员队伍，才能把"党要管党、全面从严治党"真正落到实处。

一、增强党员教育管理的针对性有效性

党员教育管理是党的建设基础性经常性工作。要以马克思列宁主义、毛泽东思想、邓小平理论、"三个代表"重要思想、科学发展观、习近平新时代中国特色社会主义思想为指导，落实新时代党的建设总要求和新时代党的组织路线，坚持教育、管理、监督、服务相结合，推进"两学一做"学习教育常态化制度化，不断增强党员教育管理的针对性和有效性。

党员教育的基本任务。2019年5月，中共中央印发的《中国共产党党员教育管理工作条例》以习近平新时代中国特色社会主义思想为指导，以党章为根本遵循，总结吸收实践创新成果，从政治理论教育、政治教育和政治训练、党章党规党纪教育、党的宗旨教育、革命传统教育、形势政策教育、知识技能教育共7个方面，规定了党员教育基本任务，并分别明确教育的重点内容和目标要求。

延伸阅读

《中国共产党党员教育管理工作条例》系列图解——党员教育基本任务

《中国共产党党员教育管理工作条例》第四章规定了党员日常教育管理的方法途径，主要包括：一是用好党的组织生活这一经常性手段，落实"三会一课"、组织生活会、民主评议党员、谈心谈话等基本制度，组织党员定期参加支部主题党日、按期交纳党费，加强党员党性锻炼。二是根据党的事业发展和党的建设重点任务，坚持集中培训制度，有计划地组织党员参加集中轮训培训、党内集中学习教育，使党员接受日常教育全覆盖、有保证、见实效。三是组织引导党员发挥先锋模范作用，要求党组织设立党员示范岗、党员责任区，开展设岗定责、承诺践诺，引导党员参与志愿服务，充分调动广大党员的积极性主动性创造性。四是坚持从严教育管理和热情关心爱护相统一，从政治、思想、工作、生活上激励关怀帮扶党员，落实对老党员等重点对象的服务措施，增强党员荣誉感归属感使命感，激励党员新时代新担当新作为。

严格党籍管理是党员管理的基本内容。《中国共产党党员教育管理工作条例》第二十四条规定：经党支部党员大会通过、基层党委审批接收的预备党员，自通过之日起，即取得党籍。对因私出国并在国

第四章 全面提升组织力

外长期定居的党员，出国学习研究超过5年仍未返回的党员，一般予以停止党籍。停止党籍的决定由保留其组织关系的党组织按照有关规定作出。对与党组织失去联系6个月以上、通过各种方式查找仍然没有取得联系的党员，予以停止党籍。停止党籍的决定由所在党支部或者上级党组织按照有关规定作出。停止党籍2年后确实无法取得联系的，按照自行脱党予以除名。对停止党籍的党员，符合条件的，可以按照规定程序恢复党籍。对劝其退党、劝而不退除名、自行脱党除名、退党除名、开除党籍的，原则上不能恢复党籍，符合条件的可以重新入党。

延伸阅读

《中国共产党党员教育管理工作条例》
第四章 党员日常教育管理主要方式

中共中央办公厅印发《2019—2023年全国党员教育培训工作规划》

加强党员组织关系的管理。党员组织关系是指党员对党的基层组织的隶属关系。《中国共产党党员教育管理工作条例》第二十五条规定：每个党员都必须编入党的一个支部、小组或者其他特定组织。党员工作单位、经常居住地发生变动的，或者外出学习、工作、生活6个月以上并且地点相对固定的，应当转移组织关系。第二十六条规定：对没有人事档案的党员，应当由具有审批预备党员权限的基层党委建立党员档案，由所在党委或者县级以上党委组织部门保存。有条件的地方，实行党员档案电子化管理。

二、加强党员监督和组织处置

《中国共产党党内监督条例》第三条规定：党内监督没有禁区、没有例外。信任不能代替监督。各级党组织应当把信任激励同严格监督结合起来，促使党的领导干部做到有权必有责、有责要担当，用权受监督、失责必追究。

党支部应当通过严格组织生活、听取群众意见、检查党员工作等多种方式，注重抓早抓小、防微杜渐，加强党员监督。对党员不按照规定参加党的组织生活、不按时交纳党费、流动到外地工作生活不与党支部主动保持联系的，以及存在其他与党的要求不相符合的行为、情节较轻的，党支部应当采取适当方式及时进行批评教育，帮助其改进提高。对缺乏革命意志，不履行党员义务，不符合党员条件，但本人能够正确认识错误、愿意接受教育管理并且决心改正的党员，党支部应当作出限期改正处置，限期改正时间不超过1年。对给予限期改正处置的党员应当采取帮助教育措施。

党员具有下列情形之一的，按照规定程序给予除名处置：

(1) 理想信念缺失，政治立场动摇，已经丧失党员条件的，予以除名；

（2）信仰宗教，经党组织帮助教育仍没有转变的，劝其退党，劝而不退的予以除名；

（3）因思想蜕化提出退党，经教育后仍然坚持退党的，予以除名；

（4）为了达到个人目的以退党相要挟，经教育不改的，劝其退党，劝而不退的予以除名；

（5）限期改正期满后仍无转变的，劝其退党，劝而不退的予以除名；

（6）没有正当理由，连续6个月不参加党的组织生活，或者不交纳党费，或者不做党所分配的工作，按照自行脱党予以除名。

对违犯党纪的党员，按照《中国共产党纪律处分条例》规定给予党纪处分。

延伸阅读

对党员的关怀帮扶

（一）礼敬尊崇厚待为国家事业作出重大贡献的革命先辈、先贤英烈和英雄人物。按照有关规定，通过授予勋章或者荣誉称号、表彰奖励和表扬等形式，对于作出贡献、表现突出的党员进行褒奖。

（二）党组织应当主动关心关爱因公殉职、牺牲党员的家庭，逐户逐人建档立卡，掌握其父母和配偶、子女的经济来源以及养老就医、入学就业等情况，明确专人联系，定期跟踪走访，帮助解决实际问题。对于生活困难尤其是需要赡养老人、抚养未成年子女的，党组织应当加强联系、持续帮扶。

> （三）党组织应当敬重关爱老党员，按照规定范围，及时向老党员传达党的路线方针政策、上级党组织的决议和有关文件精神，注意听取他们的意见建议。热情为老党员提供学习教育、文体活动、健康咨询、心理慰藉等服务。对于重病、高龄、失能等特殊困难的老党员，党组织应当经常上门看望，通过党员义工、志愿服务等方式，给予关心照顾。
>
> （四）党组织应当主动了解掌握生活困难党员情况，依托党员管理信息系统建立生活困难、鳏寡孤独、老弱病残等党员信息库通过社会保障、党内互助等方式，帮助协调解决实际困难。组织开展"送温暖、献爱心"和元旦、春节等重大节日、"七一"走访慰问等活动，为生活困难党员提供多种形式的帮助。
>
> ——摘自中共中央办公厅《中国共产党党内关怀帮扶办法》（2019年2月2日）

三、做好发展党员工作

2013年1月，十八届中共中央政治局召开会议，研究部署加强新形势下发展党员和党员管理工作，提出"控制总量、优化结构、提高质量、发挥作用"的"十六字总要求"。2014年5月28日，中共中央办公厅印发的《中国共产党发展党员工作细则》将"十六字总要求"写入总则，并要求各地区各部门坚持标准，严格程序，严肃纪律，确保发展党员工作有领导、有计划地进行。

发展党员工作应当贯彻党的基本理论、基本路线、基本方略，按照控制总量、优化结构、提高质量、发挥作用的总要求，坚持党章规定的党员标准，始终把政治标准放在首位；坚持慎重发展、均衡发展，有领导、有计划地进行；坚持入党自愿原则和个别吸收原则，成熟一个，发展一个。禁止突击发展，反对"关门主义"。

根据《中国共产党发展党员工作细则》精神，发展党员工作的工作流程可归纳为5个阶段25个步骤，5个阶段即申请入党，入党积极分子的确定和培养教育，发展对象的确定和考察，预备党员的接收，预备党员的教育、考察和转正。

★ 发展党员工作流程

延伸阅读

《中国共产党发展党员工作细则》

第五章　作风建设永远在路上

高度重视作风建设，是马克思主义政党一贯的政治自觉。中国共产党的百年历史反复证明，作风关系党的形象，关系人心向背，关系党的生死存亡。习近平总书记指出："我们党作为马克思主义执政党，不但要有强大的真理力量，而且要有强大的人格力量；真理力量集中体现为我们党的正确理论，人格力量集中体现为我们党的优良作风。"[①]"执政党如果不注重作风建设，听任不正之风侵蚀党的肌体，就有失去民心、丧失政权的危险。"[②] 加强交通运输部系统党支部建设，必须切实发扬优良作风，密切党群干群关系，落实好关系群众利益的方方面面工作，增强党在交通运输系统的凝聚力、号召力和战斗力。

[①] 《习近平关于协调推进"四个全面"战略布局论述摘编》，中央文献出版社2015年版，第132页。
[②] 《习近平关于党风廉政建设和反腐败斗争论述摘编》，中央文献出版社、中国方正出版社2015年版，第8页。

第五章　作风建设永远在路上

第一节　始终保持党同人民群众的血肉联系

党的根基在人民、血脉在人民、力量在人民。作风建设的核心问题，是保持党同人民群众的血肉联系。加强交通运输部系统党支部作风建设，必须始终保持党同人民群众的血肉联系，在任何时候任何情况下，与人民同呼吸共命运的立场不能变，全心全意为人民服务的宗旨不能忘，群众是真正英雄的历史唯物主义观点不能丢。

一、始终坚持以人民为中心

习近平总书记深刻指出："江山就是人民、人民就是江山，打江山、守江山，守的是人民的心。"[①] "人民对美好生活的向往，就是我们的奋斗目标。"[②] 以人民为中心，是我们党总结几千年历史兴衰成败得出的重要结论，是对我们党全心全意为人民服务这一根本宗旨的坚持和深化，是党长期治国理政的伟大实践在理念上的凝练和升华。

坚持人民交通为人民。为中国人民谋幸福，为中华民族谋复兴，是中国共产党人的初心和使命，是激励一代代中国共产党人前赴后继、英勇奋斗的根本动力。对交通运输行业而言，全体交通人的初心就是要始终不渝坚持人民交通为人民，努力建设人民满意交通。党的

[①] 习近平：《在庆祝中国共产党成立100周年大会上的讲话》，人民出版社2021年版，第11页。
[②] 《习近平谈治国理政》第1卷，外文出版社2018年版，第4页。

新时代交通运输部系统党支部建设

十八大以来，我国以国家高速公路、普通国道、农村公路建设为重点，实施了一大批重点工程，积极解决贫困地区的交通发展短板，这是以人民为中心的发展思想在交通运输领域的真实写照和生动实践。新的征程上，要教育引导广大党员干部始终坚持人民交通为人民，为践行新时代交通人的初心使命作出积极贡献。

坚持人民交通靠人民。人民是我们党执政的最大底气。交通运输改革发展的实践证明，人民的需求是交通运输发展不竭的动力源泉，人民的力量是交通运输发展强大的动力支撑。回溯峥嵘岁月，10多万军民在极其艰苦的条件下团结奋斗，创造了世界公路史上的奇迹，结束了西藏没有公路的历史，形成和发扬了一不怕苦、二不怕死，顽强拼搏、甘当路石，军民一家、民族团结的"两路"精神。高大的川藏青藏公路纪念碑的文字感天动地："十一万藏汉军民筑路员工，含辛茹苦，餐风卧雪，齐心协力，征服重重天险，挖填土石三千多万立方，造桥四百余座。五易寒暑，艰苦卓绝，三千志士英勇捐躯，一代业绩永垂青史。"坚持人民交通靠人民，就是要坚持人民在交通运输发展中的主体地位，尊重群众首创精神，使交通运输改革发展与国家富强、民族振兴、增进群众利益同频共振，并紧紧依靠人民建成人民满意、保障有力、世界前列的交通强国。

坚持人民交通由人民共享。为什么人的问题，是检验一个政党、一个政权性质的试金石。中国共产党作为马克思主义政党，除了国家、民族、人民的利益，没有任何自己的特殊利益。党的百年奋斗历程表明，党始终把交通运输作为经济社会发展的先行领域，让交通运输发展成果惠及到最基层、最偏远的人民群众。要组织党员干

第五章 作风建设永远在路上

部发挥先锋模范作用，带动群众以饱满的热情、专业的水准投入到干事创业中去，紧盯人民群众出行模式和货物流通方式的深刻变化，把握好多层次、多样化、个性化的出行需求和小批量、高价值、分散性、快速化的货运需求，着力打造一流设施、一流技术、一流管理、一流服务，努力让广大人民群众享有更高质量、更加公平、更有效率的交通运输服务。

坚持人民交通让人民满意。时代是出卷人，我们是答卷人，人民是阅卷人。只有把满足人民对美好生活的向往作为我们的奋斗目标，不断增强人民群众的获得感、幸福感、安全感，才能无愧时代、不负人民，真正让人民满意。进入新时代，人民满意的标准已经从过去的"有没有"升级为"好不好"。要围绕落实《交通强国建设纲要》《国家综合立体交通网规划纲要》，积极发挥特色优势，提升服务水平和覆盖程度；要关心群众疾苦，尤其是工作环境艰苦的生产建设服务一线的群众，聚焦与人民群众生产生活密切相关的降低物流成本、"四好农村路"建设、交通运输新业态监管等问题，多谋民生之利、多解民生之忧，不断提高人民群众对交通运输的满意度。

案例卡片

交通运输部南海救助局"南海救112"轮党支部，时刻牢记海上救助的神圣职责与使命，牢固树立"人民至上、生命至上"的理念，始终把人民群众的安危放在首位，以实际行动守住海上交通安全的最后一道防线。哪里有险情，哪里就有他的身影；哪里有危险，他就战斗在哪里！船舶党支部全力打造"船

心相融担使命 踔厉奋进新征程"党建品牌,坚定信仰炼"丹心",奋力打造"先锋船";战风斗浪守"初心",全力打造"使命船";生命至上显"仁心",尽力打造"平安船",充分发挥战斗堡垒作用,让党旗在祖国南海高高飘扬。共产党员充分发挥先锋模范作用,在急难险重任务中冲在前、作表率,团结带领全体船员大力弘扬"把生的希望送给别人,把死的危险留给自己"的救捞精神,与台风赛跑,与寒潮较量,自2007年入列至今,"南海救112"轮共成功救助遇险人员1736人,救助遇险船舶87艘,获救财产价值约68亿元。"南海救112"轮被国际海上人命救助联盟(IMRF)授予2021年度杰出救援团队提名奖,2022年3月荣膺"最美搜救人"称号。

★ "南海救112"轮党支部党员在救助任务间隙对救助船舶进行维修保养

二、真心诚意为群众办实事

真心诚意为群众办实事是密切联系群众、践行群众路线的根本要求。1942年12月，毛泽东同志在《经济问题与财政问题》一文中说："一切空话都是无用的，必须给人民以看得见的物质福利。"[①] 代表最广大人民群众的根本利益，不能停留在口头上或形式主义的工作中，关键是要察实情、出实招、办实事、求实效，看为人民办了多少实事，是不是真正解决了人民群众的实际问题。

党的十九大作出建设交通强国的部署。建设交通强国不可能一帆风顺，会有很多"娄山关""腊子口"，矛盾多、困难多，党员干部要在实践中经受考验，埋头苦干，扎实工作，找准突破难点，着力解决群众最关心、最直接、最现实的利益问题。这也是衡量党员干部的群众观念强不强，工作实不实、好不好的试金石。例如，交通运输部机关服务中心第二党支部自新冠肺炎疫情发生以来，认真落实"我为群众办实事"工作任务，想尽一切办法、采取一切措施、动员一切力量、调动一切资源进行防护物资采购、办公区通风消毒、人员体温检测、食堂防控措施制定等工作，为机关正常运行提供了保障。

交通运输部系统党支部要教育引导广大党员干部进一步自觉践行党的根本宗旨，深入学习贯彻习近平总书记关于群众工作的重要论述，把群众观点、群众路线深深植根于思想中、落实到具体行动上，着力解决群众最关心最现实的利益问题，加快建设人民满意交通，不断增强人民群众对党的信任和信心，筑牢党长期执政的阶级基础和群众根基。

[①]《毛泽东文集》第2卷，人民出版社1993年版，第467页。

新时代交通运输部系统党支部建设

> **案例卡片**
>
> 交通运输部职业资格中心水运职业资格处党支部坚持以人民为中心的发展思想，扎实开展"我为群众办实事"实践活动。近年来，支部巩固深化中心党委创建模范机关"十大便民实事"等行动成果，将涉及面广、关注度高、协调难度大的"减证便民"工作作为党建业务融合的重点目标，并建立联学攻关小组，集中解难题办实事。2020年试验检测考试报名中，通过在线核验从业人员信息，实现减环节、减证明、不见面、不跑腿，足不出户办理相关业务。该支部还突出"创新"这个关键，坚持把"我为群众办实事"活动融入日常：一是持续推进告知承诺制，在登记（注册）工作中实行告知承诺制；二是持证人员发放的电子证书实现全覆盖，纸质证书实现免费快递到家服务；三是推动协助27个省级试验检测考试机构实现考试报名网上缴费；四是实现证书、继续教育学时数据共享；五是开展职业研究，完成岗位胜任力模型建设。

三、健全联系群众制度

拓宽反映社情民意的渠道。人民群众具有鲜活的生活经验，具有无限的创造潜能，他们的需求与主张往往最能反映社会发展的内在要求与客观趋势。交通运输部系统党支部必须创新工作方式方法，利用现代技术手段拓宽联系渠道，认真倾听群众诉求，收集归类问题清单，聚焦打通服务群众"最后一公里"问题，保证人民群众反映的问题事事有回音、件件有着落，切实解决人民群众最关心、最期盼的交通难题。

第五章　作风建设永远在路上

案例卡片

交通运输部天津水运工程科学研究院环境科技发展（天津）有限公司党支部成立了以共产党员为主体的青藏高原绿色交通创新团队（以下简称"青藏团队"），以援藏挂职、系统借调、对口扶贫、设立西藏办事处和青海办事处等形式，深耕青藏高原公路建设中的环境保护工作，足迹遍布西藏自治区和青海省的每一个县级行政单位，完成修桥筑路的前期调研、环境评价、水保设计等任务。该党支部青藏团队秉持"缺氧不缺精神"的信念，以高水平生态环境保护技术为青藏高原交通运输行业的高质量发展提供了有力的科技支撑。多年来该青藏团队克服高原反应，扎实工作、倾情奉献，为藏区人民美好交通出行贡献光和热，展现了新时代交通人良好的精神风貌。

★ 天津水运工程科学研究院青藏团队在方圆数十公里荒无人烟的高原上开展调研工作

新时代交通运输部系统党支部建设

深入基层调查研究。习近平总书记指出："调查研究不仅是一种工作方法,而且是关系党和人民事业得失成败的大问题。"① "情况搞清楚了,就要坚持从实际出发谋划事业和工作,使想出来的点子、举措、方案符合实际情况,不好高骛远,不脱离实际。重要决策方案,特别是涉及群众切身利益的重要政策措施,要广泛听取群众意见,不能嫌麻烦、图省事。"② 党员干部要进一步转变作风,深入基层调查研究,带头拜人民为师,向人民学习,放下架子、扑下身子,接地气、通下情,要"身入"更要"心至",抓住老百姓最急最忧最怨的问题,真正把功夫下到察实情、出实招、办实事、求实效上。要特别注意深入到艰苦地方、困难地方和问题多的地方,听取群众意见,走访慰问困难群众,帮助基层和群众解决实际问题。坚持民主决策,把调查研究的成果作为决策的重要依据,充分体现和维护群众的利益,切忌形式主义。

案例卡片

交通运输部规划研究院公路所党支部以编制《"重走长征路"红色旅游交通运输专项规划》为契机,推动党建和业务深度融合。接到规划编制任务以来,课题组先后赴贵州省、湖南省、四川省、甘肃省开展调研,足迹踏遍4省10市14区县。在规划编制过程中,课题组带着对老区苏区人民的情怀深入调研,为沿线地区解决实际问题。规划以推动交旅融合为主要手

---

① 习近平:《谈谈调查研究》,《学习时报》2011年11月21日。
② 《习近平谈治国理政》第2卷,外文出版社2017年版,第145页。

第五章 作风建设永远在路上

段,推动建设致富路、旅游路、幸福路,切实克服形式主义,发挥优长,以真情实感、实干担当,把革命老区苏区的事情办好,造福老区人民。

★《"重走长征路"红色旅游交通运输专项规划》课题组在甘肃省定西市通渭县榜罗镇调研

接受群众监督。保障党员干部和人民群众的监督权利,既是人民主体地位的体现,也是党保持肌体健康和生命力战斗力的基础。党的性质宗旨决定了党内监督和群众监督是同向发力的监督过程,群众监督在保持党的先进性与纯洁性方面具有不可替代的作用。人民群众监督权利的有效落实,既是对党员干部和其他公权力行使人员工作生活的有力约束和规范,也是对党群关系的积极维护。"知屋漏者在宇下,知政失者在草野"。群众的意见是党支部建设最好的镜子,交通运输部系统党支部要畅通渠道听取意见,用民主的作风对待群众批评和监督。

第二节 驰而不息纠治"四风"

长期以来,形式主义、官僚主义、享乐主义和奢靡之风问题在党内一直存在,严重影响了党的形象。习近平总书记指出:"为什么要聚焦到'四风'上呢?因为这'四风'是违背我们党的性质和宗旨的,是当前群众深恶痛绝、反映最强烈的问题,也是损害党群干群关系的重要根源。"[①] 因此,维护和谐的党群关系、培育优良的党风政风,必须驰而不息反对"四风"。

一、巩固拓展落实中央八项规定及其实施细则精神成果

党的作风是党的形象,是观察党群干群关系、人心向背的晴雨表。党的作风正,人民的心气顺,党和人民就能同甘共苦。党的十八大以来,以习近平同志为核心的党中央坚持全面从严治党,坚定不移推进党风廉政建设和反腐败斗争,深刻认识"四风"问题的危害,把纠正"四风"问题作为切入点,着力解决党内存在的突出问题。中央八项规定虽短短几百字,但包含着深刻的治党智慧,其中的重要方面,就是实现了"高处站位"和"细处着力"的有机结合。要充分认识党中央带头执行八项规定,向全党宣示改进作风的重要意义,同时,党中

---

① 《习近平谈治国理政》第 1 卷,外文出版社 2018 年版,第 374 页。

央以上率下,形成了强大的示范效应和榜样力量。党风、政风以及社会风气为之一新,党心与民心得到进一步凝聚。

不良作风起于青萍之末,改进作风也应该于细微处见决心,这正是落实中央八项规定的独特方法论。此外,落实中央八项规定不仅是一次直面现实的"问题清扫",也是一次回归传统的"思想整风",更是一次党内政治生态的"集中净化"。要贯彻落实好《中共交通运输部党组关于贯彻落实中央八项规定精神的实施细则》,持续加固中央八项规定堤坝,不松动、不懈怠、不变通,以实际行动诠释改进作风的根本要求,使遵守中央八项规定化作每个党员干部的自觉行动、行为习惯,让广大群众看到实实在在的成效。

二、坚决防止"四风"反弹

习近平总书记指出:"作风建设永远在路上。如果前热后冷、前紧后松,就会功亏一篑。"[1] "四风"问题由来已久、成因复杂,我们必须清醒认识到"四风"问题的顽固性、变异性以及传染性。这些特征决定了纠正"四风"问题不可能一蹴而就,更不可能一劳永逸。如果遏制"四风"问题的决心不够坚定,态度不够坚决,力量不够强大,各种歪风邪气与顽瘴痼疾必定会死灰复燃甚至卷土重来。当前,"四风"问题依然树倒根存,尤其是形式主义、官僚主义现象不可忽视。

增强群众观念增进群众感情。现实中一些党员干部"不怕群众不满意,就怕领导不注意",对群众疾苦态度漠然。改进作风,必须从

---

[1] 《习近平谈治国理政》第1卷,外文出版社2018年版,第381页。

新时代交通运输部系统党支部建设

群众最不满意的地方改起,从群众最关切的地方抓起,以实打实、心贴心的举措造福于民,以看得见摸得着的变化取信于民。

> **案例卡片**
>
> 交通运输部公路科学研究院国家道路与桥梁工程检测设备计量站党支部搭建了全国公路计量服务网络平台,组建了党员突击队主动上门,方便群众"就近就地"计量服务;组建了"公路交通计量测试服务青年突击队",行程上万公里,在全国10多个省份开展计量测试服务工作,以踏实作风获得了群众的好评,赢得了信赖。

突出问题导向。"四风"问题是作风问题的主要方面,也是作风问题的集中表现形式。部分党员干部存在的形式主义、官僚主义、享乐主义、奢靡之风突出问题,严重违背了我们党的性质和宗旨,严重损害了党在人民群众中的形象以及党同人民群众的血肉联系,是当前人民群众深恶痛绝、反映最强烈的问题。对此,习近平总书记明确指出:"党内存在的其他问题都与这'四风'有关,或者说是这'四风'衍生出来的。"[1] "如果管党不力、治党不严,人民群众反映强烈的党内突出问题得不到解决,那我们党迟早会失去执政资格,不可避免被历史淘汰。"[2] 强化问题导向,下功夫解决"四风"问题,着力把作风建设引向深入,这是针对作风问题具有顽固性、反复性,坚持抓严、抓实、抓长的战略性举措。能不能一抓到底、坚持不懈,把作风建设

---

[1] 《习近平谈治国理政》第1卷,外文出版社2018年版,第374页。
[2] 《习近平谈治国理政》第2卷,外文出版社2017年版,第43页。

第五章 作风建设永远在路上

变成常态、推向深入？关键要看在解决问题上是不是下真功夫、硬功夫，发现反弹能不能严肃处理，解决深层次问题能不能啃下硬骨头。交通运输部系统党支部要揽镜自照，查摆表现，寻找差距，抓住主要矛盾立行立改。特别针对不尊重规律，不尊重客观实际和群众需求的乱作为问题以及推诿扯皮、玩忽职守、不思进取的不作为问题等，拿出过硬措施，扎扎实实地改，既拔作风之弊的苗，也铲"四风"滋生的土，以"钉钉子"精神扎实推进。

> **案例卡片**
>
> 中国船级社汕头分社党支部立足本职岗位，坚持"干细一门匠活，做好一个匠人，拥有一颗匠心"的工作理念，诚心面对历史遗留问题，实事求是、担当作为，联合相关职能部门共同解决南澳游艇持证问题、辖区内河船舶历史遗留等问题，推动辖区400总吨以下内河船舶生活污水污染治理，搭牢为民服务平台。

筑牢作风建设的"防火墙"。习近平总书记指出："要建立健全相关制度，用制度管权管事管人。"① 作风建设融入制度建设，有助于作风建设的规范化与长效化。作风问题一直在抓，但很多问题不仅没有解决，反而愈演愈烈，一些不良作风像割韭菜一样，割了一茬长一茬。症结就在于对作风问题的顽固性和反复性估计不足，缺乏常抓的韧劲、严抓的耐心，缺乏管长远、固根本的制度。要围绕作

---

① 《习近平关于全面从严治党论述摘编》，中央文献出版社2016年版，第110页。

新时代交通运输部系统党支部建设

风养成的全链条来完善制度体系,使改进作风有评价标准、有行为准则、有环境氛围,将为民务实清廉的价值追求真正确立起来。根据工作具体实际形成一套科学严密的作风制度体系,并以最严格的标准、最严厉的措施正风肃纪,真正实现从"不敢"到"不能""不想"的转变。

> **案例卡片**
>
> 中国船级社上海分社产品处党支部坚持恪守"三遵三守——遵纪守法、遵章守规、遵德守信"等行为准则,每月开展廉洁提醒,违纪违法典型通报,结合反腐倡廉基地参观、"廉洁服务协议"签署等,正面引导与反面警示结合,内外监督融合,筑牢"底线""红线",形成了一套规范严密的制度体系。

发挥"头雁效应"。党的十八大以来,作风建设之所以成效显著,一条重要经验就是坚持以上率下。以习近平同志为核心的党中央以身作则、率先垂范,为全党树立起作风建设的光辉典范。要聚焦"关键少数"以上率下,把整治形式主义、官僚主义的主体责任牢牢放在心上、抓在手上、扛在肩上,以"上行"引领"下效",以"头雁效应"激发"群雁活力",不断激发正风肃纪的正能量。

> **案例卡片**
>
> 2020年新冠肺炎疫情暴发期间,交通运输部路网中心路网运行处与预警应急处联合党支部支部委员率先垂范,主动担当,

带领全体党员叫响"席位就是战位"口号，全力做好疫情防控情况下路网服务、应急物资运输、公路免费通行等一系列保障工作。为中央及交通运输部开展疫情期间交通运输态势研判，及时处置路网大范围、长距离拥堵，精准分析并确定疏堵保畅方案，科学制定了离鄂离汉与进京通道保障措施，为打赢疫情阻击战作出了贡献。

★ 新冠肺炎疫情防控期间路网中心值班人员24小时值守一线

三、力戒形式主义、官僚主义

形式主义、官僚主义作为"四风"顽症、毒瘤，对党和国家事业危害极大。党的十八大以来，党中央驰而不息推进作风建设，强力整治"四风"突出问题，享乐主义、奢靡之风已经得到有效遏制。但形式主义、官僚主义仍然存在，积弊甚深，是目前党内存在的突出矛盾和问题,是危害党的执政根基、危及党群干群关系的大敌。形式主义、官僚主义具有顽固性、反复性、变异性,既要敢于斗争,更要善于斗争,抓住关键环节和重点问题精准施策,做到"中西医结合""开好方子,对症下药"。

突出抓早抓小。密切关注"四风"苗头性、倾向性、隐蔽性问题,坚决纠治影响党中央决策部署贯彻落实、漠视侵害群众利益、加重基层负担的形式主义、官僚主义。采取过硬措施,从一件件小事抓起,坚决防止不良风气反弹回潮。把形式主义、官僚主义问题列为党员干部年度述职评议考核的重要内容,列为党员干部谈心谈话的必谈内容,经常提醒、抓早抓小,严在日常、严在经常。

延伸阅读

1944年7月,中央党校副校长彭真以《思想方法问题》为题,在党校作整风总结报告时说:"以批评与自我批评来说,我们有的同志就爱说自己过五关斩六将,不愿提自己失荆州、走麦城,这也不好。毛主席说我们要有'三戒':戒吹、戒拍、戒骗;还要有'三防':防吹、防拍、防骗。我们要勇于进行自我批评,对别人的批评要采取欢迎的态度。"

牢固树立正确政绩观。形式主义、官僚主义的根源是政绩观错位、责任心缺失。要教育引导党员干部干事创业摒弃私心杂念,树立正确的事业观和政绩观,对认准了的目标一张蓝图绘到底,每一任领导干部都做为后人作铺垫、打基础、利长远的好事,始终不渝地造福人民。

第五章 作风建设永远在路上

案例卡片

交通运输部东海救助局温州救助基地第二党支部（应急救助队党支部）深入践行"把生的希望送给别人，把死的危险留给自己"的救捞精神，调动党员干部干事创业积极性，以"四有"（"融入中心有创新、党建工作有亮点、艇队建设有成效、安全救助有保障"）特色为主题开展"精品支部"培塑工作，以党建工作的创新思路和精准发力，推动带动救助抢险、技能训练、安全管理、作风建设等方面共同提升。其中一项举措是：党支部成立"党员训练班小组"，研究改进训练方式和训练设施，实行"岗位技能龙虎榜"评比、个人重点突破项目推进、艇队员一体化培养，推进船、艇、队、机立体救助能力建设，不断提升核心救助能力。通过强主业举措，提升了抢险救助能力，同时团队合作意识、党员先锋模范作用等也得到进一步彰显。

★ 台风"菲特"灾后救助

深化专项治理。运用系统思维，围绕加强党的政治建设、贯彻落实中央决策部署、防范化解重大风险、联系群众和服务群众等问题开展集中整治，做到没有空白、不留死角。针对"四风"问题新情况、新问题、新表现，研究制定巩固纠正"四风"成果的工作思路和具体措施，确定年度目标任务，抓好组织实施。深入开展作风建设专题教育，定期学习典型案例和警示教育片。对因"四风"问题受到责任追究的干部在提拔使用时要从严掌握，充分发挥选人用人的"风向标"作用。

第三节　激励党员干部新时代新担当新作为

党员干部敢于担当作为，既是政治品格，也是从政本分。新的征程上，必须大力倡导担当作为，营造良好政治生态和干事环境，为推进交通运输可持续发展提供坚强有力的队伍和作风保证。

一、新时代呼唤新担当，新使命激励新作为

党的十九大报告指出，中国特色社会主义进入新时代，我国社会主要矛盾已经转化为人民日益增长的美好生活需要和不平衡不充分的发展之间的矛盾。这是对我国发展新的历史方位的科学判断。进入新时代，我们面临的国内外环境、社会主要矛盾、发展阶段和发展任务、工作对象和工作条件均发生了深刻变化，各种矛盾风险挑战相互交织叠加。必须要看到，我国社会主要矛盾的变化对交通运输产生了重大影响。从人民对美好生活需要看，人民群众出行需要越来越普惠、多样、高端、个性，人民群众希望得到更加安全、便捷、高效、绿色、智慧、经济的交通运输服务。从交通运输发展水平看，发展不平衡，主要表现在城乡

间、区域间、方式间、新旧业态间以及建管养运之间不平衡问题，制约了行业整体水平的提升。发展不充分，主要表现在交通运输发展的质量和效益还不高，创新能力不够强，扩大增量与优化存量还有不小潜力可挖等。面对新形势，完成新任务，解决新矛盾，最需要担当，也最考验担当。必须打好主动仗，做好应对任何形式的矛盾风险挑战的准备，层层负责、人人担当。

案例卡片

上海海事局浦东海事局共产党员陈维，扎根船舶载运危险货物和船舶防污染管理一线，牢固树立为人民服务的宗旨意识，秉承"多一点付出、多一点用心、多一点坚持、多一点创造"的精神，成功攻克了"船载危险货物集装箱谎报瞒报监管"这一业内难题。2007年首创"确定目标箱、现场开箱查验、行政核查处罚"的"三步开箱查验法"，组织编印了我国第一本《开箱工作查验手册》，并在全国海事系统推广。陈维还编制了全国首个《船舶排放控制区现场检查指导手册》，为全国顺利开展船舶排放控制区管理提供了"绿色样板"。

★ 陈维和团队成员在船上检查集装箱危险货物

新时代交通运输部系统党支部建设 ◆◆◆

实现新蓝图呼唤新担当新作为。党的十九大报告在建设现代化经济体系的战略部署中提出交通强国建设。这是实现国家富强、民族振兴的必由之路,是建设现代化经济体系、推动经济高质量发展的内在要求,是遵循发展规律、拓展发展空间的战略抉择,是当好先行、服务人民的使命担当,更是一场涉及思想认识、观念行为、体制机制的广泛而深刻的变革。建设交通强国,不可能一帆风顺、一蹴而就,必然要啃很多难啃的"硬骨头",必然需要更多担当作为的改革闯将,必然需要壮士断腕的决心、敢闯敢试的勇气、"钉钉子"的韧劲。要贯彻落实中共交通运输部党组对建设交通强国作出的系列部署,担当作为、勇往直前,加快向交通强国迈进。

消除干部队伍建设与新时代发展不相适应的新情况,呼唤新担当新作为。党的十八大以来,以习近平同志为核心的党中央深入推进全面从严治党,推出一系列重大举措,加大从严管理监督干部力度,干部乱作为的现象大大减少,广大党员干部在政治意识、思想境界、工作劲头等方面发生了可喜的变化,涌现出众多干事创业的先进典型。实践中看,也不同程度地存在不愿担当作为、不敢担当作为、不能担当作为的突出问题。有的动力不足"不想为",有的能力不足"不会为",有的担当不足"不敢为"。消除这些问题和表现,必须认真贯彻落实中共中央办公厅印发的《关于进一步激励广大干部新时代新担当新作为的意见》和中共交通运输部党组《关于进一步激励交通运输系统广大干部新时代新担当新作为的实施意见》,采取有效的措施加以解决。

第五章 作风建设永远在路上

案例卡片

交通运输部东海第一救助飞行队飞行管理部部长、搜救教员机长宋寅，作为我国第一代女搜救机长，长期扎根救助一线、坚守东海海疆，秉承"把生的希望送给别人，把死的危险留给自己"的救捞精神，14年来，她穿梭于云海、救人于危难，为保障东海海区海上人命环境财产安全、筑牢东海海上最后一道安全防线作出了积极贡献。作为救助一线党支部书记和优秀共产党员，宋寅同志注重自身模范表率作用的发挥，以"当精兵、扬精神、建精功"为核心理念和战斗口号，努力推动支部工作与飞行救助主业结合融合，让党旗始终高高飘扬在救助最一线。以她名字命名的"宋寅救助飞行劳模创新工作室"在技术攻关、成果转化、人才培养等方面发挥了积极作用。

★ 搜救教员机长宋寅

延伸阅读

"躺平式干部"众生相。有的干部落实工作要求时，把说了当做了、把做了当作成了，只喊口号"唱空城"；有的干部"表态"之后无"表现"，服务群众靠"表演"，这种"表面上办"，其实只是"做给你看"，目的是"赢得你赞"，至于实际

> 成效，却是"稀松散漫"；有的干部长期坐在办公室，了解情况靠汇报、部署工作靠电话、考评工作看报告；有的干部"不喊号子不拉纤，撸起袖子一边看"；有的干部平常不言不语，有事一问三不知，见到工作"两手一摊"，碰到问题"两眼一黑"；有的干部面对"老大难""硬骨头"，只想当"太平官"，选择一"走"了之；有的干部"笑贪不笑懒"，怡然自得、心安理得；有的干部有利的抢着干，不利的绕着走，只求过得去、不求过得硬，小富即安、小成即满，裹足不前。
>
> ——摘自杨心怡、郭妙兰：《看看这些不推不干的"躺平式干部"》，《中国纪检监察》2021年第21期

二、旗帜鲜明为担当作为撑腰鼓劲

习近平总书记指出："对那些勇担当、有本事、坚持原则、不怕得罪人、个性鲜明的干部，往往会出现认识不尽一致的情况，组织上一定要为他们说公道话。"[①] 交通运输部系统党支部要认真贯彻落实中共中央办公厅印发的《关于进一步激励广大干部新时代新担当新作为的意见》和习近平总书记在全国组织工作会议上的讲话精神，坚持严管与厚爱相结合、激励与约束并重的原则，旗帜鲜明地支持担当者、保护担当者、褒奖担当者，为那些敢于担当的领导干部撑腰鼓劲，使敢于担当成为领导干部的自觉追求，

---

① 《习近平谈治国理政》第1卷，外文出版社2018年版，第419页。

第五章 作风建设永远在路上

使勇担当、敢作为在干部队伍中蔚然成风。例如,珠江航务管理局人事处党支部坚持"实干实绩"的选人用人导向,建立能上能下择优选拔机制,建立健全干部管理"1+N"制度体系及激励机制,制定《关于激励干部新时代新担当新作为实施举措》等,培育了良好的选人用人生态环境。

激励广大党员干部担当作为,关键是要让担当有为者有位、消极无为者失位。要大力宣传埋头苦干、开拓创新、动真碰硬的好干部,宣传在急难险重任务中冲锋在前的好干部,宣传心系群众、爱民敬民、不计个人得失的好干部,推动形成鼓励担当、崇尚担当的良好环境。

案例卡片

长江引航中心南通引航站姚泽炎是我国改革开放后自主培养的首批长江引航员。作为共产党员,他胸怀对党和国家的无限忠诚,在"浮动的异国国土外轮"上,用一言一行维护祖国尊严,共引领了来自60多个国家、地区的船舶7000多艘次,引航里程达72万公里,引航船舶吨位达6000多万。他刻苦钻研新技术新知识,结合长江航道地形复杂、潮汐多变的实际,创造了"姚泽炎安全引航操作法"等10余项技术成果,创造出在狭窄、弯曲、复杂的内河航道上把吃水最深、船体最宽、船身最长、吨位最大、上部建筑最高的船舶安全引领进出长江的多项纪录。30多年来姚泽炎深深扎根引航工作一线,践行"把世界引进中国,把中国引向世界"的神圣使命,书写了安全引航零事故、服务零投诉的奇迹，为我国港口对外开放和外向型经济的发展作出了重要贡献。

★ 工作中的姚泽炎

三、弘扬和传承以"开路先锋"精神为魂的交通精神

习近平总书记强调："一百年前，中国共产党的先驱们创建了中国共产党，形成了坚持真理、坚守理想，践行初心、担当使命，不怕牺牲、英勇斗争，对党忠诚、不负人民的伟大建党精神，这是中国共产党的精神之源。"[①] 历史川流不息，精神代代相传。党的创建是中国共产党奋斗征程的起点，伟大建党精神的形成是中国共产党人精神谱系的开篇。100 年来，中国共产党弘扬伟大建党精神，在长期奋斗中构建起中国共产党人的精神谱系，无论是井冈山精神、

---

① 习近平：《在庆祝中国共产党成立 100 周年大会上的讲话》，人民出版社 2021 年版，第 8 页。

第五章　作风建设永远在路上

长征精神、延安精神、抗美援朝精神，还是红旗渠精神、"两弹一星"精神等，这些宝贵精神财富在不同时期体现出各自的特点、不同的含义，但其本质内容和精神实质却都一脉相承、相通相融，追根溯源，都可以在伟大建党精神中找到其精神渊源和底色底蕴，集中体现了党的坚定信念、根本宗旨、优良作风，凝聚着中国共产党人艰苦奋斗、牺牲奉献、开拓进取的伟大品格，为我们立党兴党强党提供了丰厚滋养，是我们党在前进道路上战胜各种困难和风险、不断夺取新胜利的宝贵精神财富。在党领导人民百年奋斗的历史进程中，广大交通建设者继承发扬党的优良传统，在不同时期锻造形成了以"两路"精神、青藏铁路精神、港珠澳大桥建设者奋斗精神、"中国民航英雄机组"精神、邮政快递"小蜜蜂"精神等为代表的交通精神，是伟大建党精神这一"源头"在不同历史时期的"活水"涌流，是伟大建党精神在交通运输行业的赓续和彰显，厚植于交通人艰苦火热的生产建设管理服务一线，蕴含一心为民的爱国情怀、不怕牺牲的奉献精神、迎难而上的担当精神、艰苦奋斗的拼搏精神、勇于攀登的创新精神等丰富内涵。

案例卡片

川航3U8633航班机组2018年5月14日在执行重庆至拉萨飞行任务中，在9800米的成都上空驾驶舱右座前挡风玻璃破裂脱落。面对突发情况，面对34分钟的极限考验，机长、共产党员刘传健凭借精湛技术、过硬的心理素质和丰富的高原飞行经验，带领机组成员正确处置、有序配合，无惧生死，在民航各保障单位密切配合下，确保了119名旅客和9名机组人员的生

新时代交通运输部系统党支部建设

命安全,完成"史诗级"备降,创造了航空史上的奇迹。同年6月8日,为表彰他们成功处置"5·14"事件,中国民航局和四川省政府授予川航3U8633航班机组"中国民航英雄机组"称号,授予机长刘传健"中国民航英雄机长"称号。

★ "中国民航英雄机组"成员合影

党的十八大以来,习近平总书记多次对交通精神作出重要指示批示,丰富了交通精神谱系。习近平总书记指出:"新中国成立以来,几代人逢山开路、遇水架桥,建成了交通大国,正在加快建设交通强国。"[1] "我们坚持创新引领,高铁、大飞机等装备制造实现重大突破,新能源汽车占全球总量一半以上,港珠澳大桥、北京大兴国际机场等超大型交通工程建成投运,交通成为中国现

---

[1] 习近平:《与世界相交 与时代相通 在可持续发展道路上阔步前行——在第二届联合国全球可持续交通大会开幕式上的主旨讲话》,人民出版社2021年版,第5页。

第五章 作风建设永远在路上

代化的开路先锋。"① 交通成为中国现代化的开路先锋，既是战略定位，也是精神要求，是对以"两路"精神、青藏铁路精神、港珠澳大桥建设者奋斗精神、"中国民航英雄机组"精神、邮政快递"小蜜蜂"精神等为代表的交通精神丰富内涵的提炼升华，也是把交通精神熔铸于以伟大建党精神为源头的党的精神谱系之中，实质就是一种逢山开路、遇水架桥的精神，一种开拓创新、艰苦奋斗的精神，一种甘为路石、服务奉献的精神，一种敢为人先、勇攀高峰的精神。

案例卡片

全国优秀共产党员、时代楷模其美多吉坚守雪线邮路30年。30年来他坚持每月不少于20次往返于雪线邮路海拔最高、路况最复杂的康定至德格之间，累计行驶140多万公里，往返6000多次。从康定出发，起步就要翻越海拔4200多米的折多山，弯多路险。过了折多山，还有雀儿山。当地人说："车过雀儿山，如闯鬼门关。"在这个"生命的禁区"行进，重达12吨的邮车，每一次加速、换挡、转向，都是在与死神进行博弈。正是载着对党的忠诚和人民的期盼，其美多吉30年来耐得住寂寞、抵得住诱惑，守初心、担使命，无怨无悔、无私无畏地驾驶邮车行走在雪域高原。他30年来忠于职守、专注执着的奉献精神和服务人民的使命担当感动着每一个人。其美多吉是新时代交通人的楷模，这种精神是新时代交通运输人实现交通强国

---

① 习近平：《与世界相交 与时代相通 在可持续发展道路上阔步前行——在第二届联合国全球可持续交通大会开幕式上的主旨讲话》，人民出版社2021年版，第5页。

的磅礴力量。2018 年康定至德格邮路被交通运输部正式命名为"其美多吉雪线邮路"。

★ 其美多吉坚守雪线邮路

新的征程上,交通运输部系统党支部要从党领导交通运输事业实现了从自主到自立、从自足向自强的百年奋斗历程中,深刻体悟建成交通大国来之不易,加快建设交通强国责任重大,引导广大党员干部大力发扬红色传统、传承红色基因,赓续共产党人精神血脉,把"一不怕苦、二不怕死,顽强拼搏、甘当路石,军民一家、民族团结"的"两路"精神,"挑战极限、勇创一流"的青藏铁路精神,"逢山开路、遇水架桥"的港珠澳大桥建设者奋斗精神,"把非凡的英雄精神体现在平凡的工作岗位上"的"中国民航英雄机组"精神,"风雨无阻、辛勤忙碌"的邮政快递"小蜜蜂"精神,传承好发扬好,并不断丰富发展以"开路先锋"精神为魂的交通精神,踔厉奋发、笃行不怠,为实现中华民族伟大复兴的中国梦不懈奋斗!

第五章 作风建设永远在路上

> **延伸阅读**

"两航"起义

"两航"起义中的"两航",是指当时国内最大的两家民用航空公司——中国航空股份有限公司(以下简称"中航")和中央航空运输股份有限公司(以下简称"央航")。解放战争后期,国民党政府为支撑残局,强令"两航"参与西南方向枪支弹药的空中运输,后因战事发展又令"两航"将基地从上海迁离。至1949年8月,中航主要部门与央航总公司陆续迁至香港。"两航"刘敬宜、陈卓林两位总经理深明大义,在公司总部撤离上海时不约而同拟定计划,安排人员将部分资产设备留沪以交给新政权,表达了对祖国的拳拳赤子之心。

1949年11月9日6时许,在中国共产党的领导下,在周恩来的指挥下,中航10架飞机和央航2架飞机在缺乏地面导航及气象保障的困难条件下,冒着危险,开始了回归祖国的北飞壮举。中午12时15分,刘敬宜、陈卓林等人乘坐的飞机胜利到达北京西郊机场,其他11架飞机也安全飞抵天津张贵庄机场。随后,刘敬宜、陈卓林代表"两航"全体员工发表起义通电。

"两航"起义,震惊中外,在历史上有着重要意义。一是切断了当时国民党军队企图在大陆西南地区负隅顽抗的空中交通线;二是加快了全国解放的步伐,而且带动了香港地区原国民党资源委员会等27个单位相继发表护产宣言和通电起义;三是"两航"起义中归国的人员和装备,为新中国民航事业的创建发展奠定了基础，作出了贡献。

——摘自尚伟、周云：《采访实录"两航"起义：一个有重大意义的爱国举动》，《学习时报》2021年4月19日

★ 1949年11月9日抵达天津的"两航起义"北飞人员合影

第六章　以严的主基调加强纪律建设

加强纪律建设是全面从严治党的治本之策，纪律严明是我们党不断从胜利走向胜利的重要保障。党的十九大把纪律建设摆在更加突出位置，纳入新时代党的建设总体布局，表明了用严明的纪律管党治党的坚定决心。习近平总书记强调："党要管党、从严治党，靠什么管，凭什么治？就要靠严明纪律。"[①] 加强交通运输部系统党支部建设，必须把党的纪律挺在前面，用铁的纪律教育和约束党员干部，为推动交通运输高质量发展营造风清气正的政治生态。

---

① 《习近平关于党风廉政建设和反腐败斗争论述摘编》，中央文献出版社、中国方正出版社2015年版，第36页。

第一节　坚持把纪律挺在前面

历史和现实都表明,面临的形势越复杂、肩负的任务越艰巨,越要把纪律建设摆在更加突出的位置,坚持纪严于法、纪在法前,把纪律和规矩挺在前面。

一、严明纪律的极端重要性

纪律严明是党的光荣传统和独特优势,是党的事业从胜利走向胜利的重要保证。毛泽东同志强调:"军队向前进,生产长一寸,加强纪律性,革命无不胜。"[①] 邓小平同志指出:"我们这么大一个国家,怎样才能团结起来、组织起来呢?一靠理想,二靠纪律。"[②] 习近平总书记多次指出:"我们党是用革命理想和铁的纪律组织起来的马克思主义政党,组织严密、纪律严明是党的优良传统和政治优势,也是我们的力量所在。"[③] 党的百年历史经验深刻启示我们:我们党从小到大、由弱变强,发展成为世界第一大党,靠的就是统一意志、统一行动、统一步调的纪律保证。革命战争年代,我们党团结带领人民打败穷凶极恶的敌人、夺取中国革命胜利,靠的是铁的纪律保证。新的历史条件下,我们党要团结带领人民意气风发地向第二个百年奋斗目标前进,同样要靠铁的纪律保证,用严明的纪律来统一意志、统一行动、

[①] 《毛泽东文集》第5卷,人民出版社1996年版,第194页。
[②] 《邓小平文选》第3卷,人民出版社1993年版,第111页。
[③] 《习近平关于严明党的纪律和规矩论述摘编》,中央文献出版社、中国方正出版社2016年版,第9页。

第六章　以严的主基调加强纪律建设

统一步调，确保我们党永葆旺盛生命力和强大战斗力。

从交通运输面临的新形势新任务看，当前交通运输还存在质量不优、效率不高、韧性不强等不平衡不充分问题，推动我国交通运输由"大"变"强"仍需付出长期艰苦的努力，从交通大国迈向交通强国依然任重道远。新的征程上，交通运输部系统党支部必须教育引导党员干部严格遵守和维护党的纪律，经常接受党组织的纪律监督和约束，充分发挥基层组织的战斗堡垒作用、党员的先锋模范作用，从而形成强大的创造力、凝聚力和战斗力，为全面建设社会主义现代化国家提供坚实的交通运输保障。

二、正确把握党的纪律的深刻内涵

《中国共产党章程》《中国共产党党和国家机关基层组织工作条例》和《中国共产党国有企业基层组织工作条例（试行）》等规定，基层党组织（含党总支、党支部）的主要职责，包括"维护和执行党的纪律""监督党员切实履行义务""监督党员干部和其他任何工作人员严格遵守国家法律法规""加强党风廉政建设，坚决同各种违纪违法行为作斗争""对违犯党的纪律的党员，按照党内有关规定及时进行教育或者处理"等，并明确了相应的程序方法措施，这为基层党组织维护和执行党的纪律提供了制度依据。

党的纪律是党的各级组织和全体党员必须遵守的行为规则，是维护党的团结统一、完成党的任务的保证。党组织必须严格执行和维护党的纪律，共产党员必须自觉接受党的纪律的约束。习近平总书记强调："纪律是成文的规矩，一些未明文列入纪律的规矩是不成文的纪律；纪律是刚性的规矩，一些未明文列入纪律的规矩是自我约束的纪律。党内

新时代交通运输部系统党支部建设

很多规矩是我们党在长期实践中形成的优良传统和工作惯例，经过实践检验，约定俗成、行之有效，反映了我们党对一些问题的深刻思考和科学总结，需要全党长期坚持并自觉遵循。"① 党的规矩总的包括：党章是全党必须遵循的总章程，也是总规矩；党的纪律是刚性约束；国家法律是党员、干部必须遵守的规矩，法律是党领导人民制定的，全党必须模范执行；党在长期实践中形成的优良传统和工作惯例。《中国共产党纪律处分条例》明确规定："党组织和党员违反党章和其他党内法规，违反国家法律法规，违反党和国家政策，违反社会主义道德，危害党、国家和人民利益的行为，依照规定应当给予纪律处理或者处分的，都必须受到追究。"

延伸阅读

《中国共产党党内法规制定条例》规定："党内法规是党的中央组织，中央纪律检查委员会以及党中央工作机关和省、自治区、直辖市党委制定的体现党的统一意志、规范党的领导和党的建设活动、依靠党的纪律保证实施的专门规章制度。"党的十八大以来，以习近平同志为核心的党中央坚持全面从严治党、依规治党，大力加强党内法规制度建设，出台了一批标志性、关键性、基础性法规制度，纪律的螺丝拧得紧而又紧。根据有关资料，截至2021年7月1日，全党现行有效党内法规共3615部，其中省、自治区、直辖市党委制定的党内法规3241部，基本覆盖党的领导和党的建设各个方面。

---

① 《习近平谈治国理政》第2卷，外文出版社2017年版，第152页。

第六章 以严的主基调加强纪律建设

三、完整准确把握党的纪律的主要内容

党章规定,党的纪律主要包括政治纪律、组织纪律、廉洁纪律、群众纪律、工作纪律、生活纪律。政治纪律是各级党组织和全体党员在政治方向、政治立场、政治言论、政治行为方面必须遵守的规矩,是维护党的团结统一的根本保证。组织纪律是规范和处理党的各级组织、党组织与党员以及党员与党员之间关系的行为规则。廉洁纪律是党组织和党员在从事公务活动或者其他与行使职权有关的活动中,应当遵守的廉洁用权的行为规则,是实现干部清正、政府清廉、政治清明的重要保障。群众纪律是党的各级组织和党员在贯彻执行党的群众路线和处理党群关系过程中必须遵循的行为规则。工作纪律是党的各级组织和全体党员在党的各项具体工作中必须遵守的行为规则,是党的各项工作正常开展的重要保证。生活纪律是党员在日常生活和社会交往中应当遵守的行为规则,涉及党员个人品德、家庭美德、社会公德等各个方面,关系着党的形象。

四、准确理解违犯党的纪律的严重后果

《中国共产党纪律处分条例》规定,对于违犯党的纪律的党组织,上级党组织应当责令其作出检查或者进行通报批评。对于严重违犯党的纪律、本身又不能纠正的党组织,上一级党的委员会在查明核实后,根据情节严重的程度,可以予以:①改组;②解散。

《中国共产党纪律处分条例》规定,对党员的纪律处分种类有:①警告;②严重警告;③撤销党内职务;④留党察看;⑤开除党籍。其中,党员受到警告处分一年内、受到严重警告处分一年半内,不

得在党内提升职务和向党外组织推荐担任高于其原任职务的党外职务;党员受到撤销党内职务处分,二年内不得在党内担任和向党外组织推荐担任与其原任职务相当或者高于其原任职务的职务;党员受留党察看处分期间,没有表决权、选举权和被选举权。留党察看期间,确有悔改表现的,期满后恢复其党员权利;坚持不改或者又发现其他应当受到党纪处分的违纪行为的,应当开除党籍。党员受到留党察看处分,其党内职务自然撤销。对于担任党外职务的,应当建议党外组织撤销其党外职务。受到留党察看处分的党员,恢复党员权利后二年内,不得在党内担任和向党外组织推荐担任与其原任职务相当或者高于其原任职务的职务。党员受到开除党籍处分,五年内不得重新入党,也不得推荐担任与其原任职务相当或者高于其原任职务的党外职务。另有规定不准重新入党的,依照规定。处理违犯党纪的党组织和党员,应当实行惩戒与教育相结合,做到宽严相济。

延伸阅读

违纪党员处分工作程序

对违纪党员进行纪律处分,除特殊情况由党委或纪委直接作出处分决定外,一般都必须经过党支部研究讨论作出处分决定。具体工作程序如下:

(一)调查核实,拟定处分决定。

第一,对违犯纪律的党员所犯错误的事实,进行认真调查研究,反复核实,写出调查报告。

第六章　以严的主基调加强纪律建设

第二，召开支部委员会，提出处分的初步意见，拟定处分决定。处分决定的主要内容有：受处分党员的基本情况，即姓名、性别、年龄、民族、籍贯、文化程度、入党和参加工作时间、主要工作经历、现在的工作单位和职务、工资级别等；所犯错误的主要事实；要把受处分人的错误发生的具体时间、地点、主要情节、造成的后果、本人应负的责任写清楚；本人对所犯错误的态度；定性和处理意见。

第三，处理决定和所依据的事实材料同本人见面。听取他对错误事实的说明和申辩。与本人见面的事实材料，不包括调查报告、检举揭发材料、证明材料，见面工作须两个人以上，并做好记录，见面后，当事人应在材料上签署意见，如本人有不同意见或拒不签字，负责见面工作的同志应作出书面说明。

（二）召开支部大会，作出处理决定。对党员的纪律处分，除特殊情况外，一般都必须经过支部大会讨论决定，受处分党员，要参加会议，并允许其在会议上申辩。支部大会的程序是：违纪党员检讨错误；支委会向全体党员报告违纪者的错误事实；提出初步处理意见；党员发言，对违纪者进行思想帮助，发表处理意见；违纪党员作说明或申辩，其他党员可为他作证或辩护。到会正式党员对处分决定进行表决，以参加支部大会有表决权的党员超半数者同意方可通过。受处分者也可投赞成票或反对票。

（三）按审批权限上报处理意见。党支部应将支部大会表决情况写成报告，并将通过的处分决定交给受处分的党员签意见。本人拒绝签字的，支部应对其进行教育。经过劝说无效，

> 党支部仍可上报审批，但要在报告中注明这一情况。上报审批时所附材料应有：错误事实的调查报告，证明材料，本人检查材料，支部大会通过的处分决定，本人对处分的意见及其他有关材料。
>
> （四）宣布执行，通知本人。支部大会通过的处分决定，自上级党委或纪委批准之日生效。受处分的时间从这时算起。党支部接到批复后，应通知本人并在支部大会上宣布。如果本人对处分决定不服，可以提出申诉，党支部应及时向有关党组织转递。也可越级申诉，但对于确属坚持错误意见或无理取闹的，要给以严肃批评教育。

第二节　增强纪律教育的针对性

无数案例表明，党员"违法"，无不始于"破纪"。习近平总书记指出："很多领导干部犯错误，最后在忏悔书中都说对党章和党规党纪不了解、不熟悉，出了事重新学习后幡然醒悟，惊出一身汗。"[①] 因此，必须把加强党的纪律教育作为交通运输部系统党支部建设的重要内容，教育引导党员干部强化纪律意识、绷紧纪律之弦，把铁的纪律转化为日常习惯和自觉遵循。

一、开展好经常性纪律教育

加强反腐倡廉形势教育。党的十八大以来，党中央坚持党要管党、

---

① 习近平：《论党的宣传思想工作》，中央文献出版社2020年版，第157页。

第六章　以严的主基调加强纪律建设

从严治党，旗帜鲜明惩治腐败，全面压实管党治党政治责任，党风廉政建设和反腐败斗争取得了历史性成就，但形势依然严峻复杂。要教育引导党员干部正确认识反腐倡廉面临的严峻形势、艰巨任务，增强反腐倡廉的责任感和使命感，坚定反腐倡廉的信心和决心。

深入开展党章党纪党规教育。切实落实党员干部教育规划，将《中国共产党章程》《中国共产党廉洁自律准则》《中国共产党纪律处分条例》《中国共产党党内监督条例》《中国共产党问责条例》等党内法规列入交通运输部系统党支部的理论学习内容，教育党员干部学深悟透、遵照执行，真正使党章党纪党规内化于心、外化于行。丰富党章党规党纪教育载体，通过形式多样、内容新颖的活动载体，提升教育的生动性和实效性。加大督查力度，切实把党员干部掌握、熟悉、遵守、运用党章党规党纪的情况，作为党员干部考核考察的重要评价依据，作为支部评优评先的重要参考。对党章党规党纪意识不强、不按党章党规党纪办事的要及时提醒，真正做到有纪有规有法必依。

加强优良家风教育。《中国共产党廉洁自律准则》明确将"廉洁齐家，自觉带头树立良好家风"作为党员领导干部廉洁自律的重要规范。《关于进一步加强家庭家教家风建设的实施意见》要求把家风建设作为党员和领导干部作风建设重要内容，引导党员和领导干部筑牢反腐倡廉的家庭防线。党支部要把家风教育列入支部学习的重要内容，引导党员干部弘扬中华优秀传统文化，学习传承优良家规家训，涵养清正廉洁、遵纪守法的良好家风。积极推进廉洁家庭建设，深入开展"传家训、立家规、扬家风"活动，组织家规家风故事征集等活动。积极推动家庭助廉，发放家庭助廉倡议书，签订家庭助廉承诺书等方式，用亲情的监督筑牢廉洁防线。日照岚山海事处党支部深化

新时代交通运输部系统党支部建设

"亲情嘱廉、家庭助廉"工作机制,通过建立"家庭助廉"微信群、撰写廉政家书、征集好家风好家训等形式,建立支部与职工家属间的沟通桥梁,补强"八小时外"教育监督环节。

加强规矩意识和程序意识教育。习近平总书记告诫全党,必须遵循组织程序,决不允许擅作主张、我行我素,重大问题该请示的请示,该汇报的汇报,不允许超越权限办事,不能先斩后奏。[①] 党支部要强化规矩意识教育,让规矩熟记于心,见之于行。加强对程序意识的教育引导,梳理程序清单,明确程序要求。严格遵守程序规范,重要工作、重大事件、个人重大事项等及时请示汇报。要遵循民主程序,严格按程序解决问题,不能绕过程序搞暗箱操作,不能把程序当形式、走过场,该集体研究决定的事项要交由集体讨论决定,不能擅自表态,用个人决定代替组织决定。引导党员遵从程序要求,依权限开展工作,在支部营造遵守程序、按程序办事的良好氛围。

案例卡片

长江三峡通航管理局财务处党支部时刻防范资金风险和廉政风险。

一是把廉洁自律放在首位。用"婆婆嘴"对支部党员、职工开展经常性廉洁提醒和关键岗位廉政谈话,教育党员、职工不踩"红线"、不闯"雷区",全体党员针对岗位特点讨论廉政风险点,防患于未然。

---

① 《习近平关于严明党的纪律和规矩论述摘编》,中央文献出版社、中国方正出版社2016年版,第27页。

第六章 以严的主基调加强纪律建设

二是把制度纪律摆在案头。人手一册规章制度、财经纪律汇编，随用随查，引导党员、职工坚持原则、守住底线。党员、职工签订廉政承诺书，层层落实责任，将廉政责任压力传导到每一位党员、职工。

三是把典型案例记在心里。经常性通报中纪委网站发布的违反中央八项规定精神典型案例，组织学习中纪委网站有关纪检文章，结合实际，举一反三，强化廉政警示教育。

★ 长江三峡通航管理局财务处党支部开展主题党日活动，集体观看警示教育片

二、发挥好反面典型警示教育作用

开展警示教育是加强纪律建设的重要内容。习近平总书记高度重视警示教育工作，强调要深入剖析严重违纪违法干部的典型案例，发挥警示、震慑、教育作用。交通运输部系统党支部要把开展警示教育作为落实全面从严治党"两个责任"的重要内容，强化以案说法、以案释纪，

新时代交通运输部系统党支部建设

以党的纪律为尺子,让广大党员干部知敬畏、存戒惧、守底线,使"前车之覆"成为"后车之鉴",在思想上划出红线、在行为上明确界限。

要贯彻落实好交通运输部办公厅印发的《开展典型案例警示教育办法》,创新教育形式和教育载体,通过观看警示教育片、参观警示教育基地、剖析典型案例等方式,把警示教育的宣传、教育、感化、警示、震慑作用充分彰显出来,效应充分发挥出来,着力推动形成风清气正的良好政治生态。实践证明,只有各级党组织和广大党员干部都牢固树立预警观念、强化问题意识,善于从反面教材中举一反三、防微杜渐,敢于用"放大镜"查找"小问题"、用"扩音器"放大"微声音",才能做到防患于未然,变被动为主动,增强全面从严治党的系统性、预见性、创造性、实效性。例如,南海救助局海口救助基地党支部常态化开展"每月一案点评"活动。每月选取具有代表性的违反党规党纪典型案例,全体党员谈认识、说体会、讲原因、提建议、议对策,从而强化纪律规矩意识。开展"体验式"警示教育。定期组织党员干部到海南省监狱反腐倡廉警示教育基地参观犯罪分子服刑时的生活场景,现场听取犯罪人员"现身说法",进一步筑牢思想道德防线。

案例卡片

厦门海事局纪检监察处(审计处)党支部常态化开展"刑事判决书敲警钟"廉政教育党课活动。每次警示教育活动前,主讲者都会从中国裁判文书网、中央省市各级纪监委网站和厦门党建e家党务平台,以及其他书刊杂志等渠道搜集和筛选符合时间节点要求、针对教学身份实际、能撞击受教育者心灵的案例,作为该次敲警钟的案例。为使"刑事判决书敲警钟"廉政教育党课能引起受众的共鸣，由有经验的公职律师重点承担"刑事判决书敲警钟"廉政教育党课讲授任务。开展"刑事判决书敲警钟"廉政教育党课活动，不仅有课上的提问、回答、交流等"课堂作业"，还有课后的小组交流、心得撰写、现场观摩等"课后作业"，真正实现了"教育倡廉、活动兴廉、环境示廉、制度保廉、监督促廉"。开展"刑事判决书敲警钟"廉政教育党课以来，结合组织生活日定期开展党课活动，特别是推动党课受众从本支部到本局，从党员干部扩展到执法队伍，并扩大到社会化用工人员和参与辅助执法的船员队伍中，使"刑事判决书敲警钟"廉政教育党课真正实现常态化、广覆盖、全方位。

★ 厦门海事局机关党支部开展廉政联学共建

三、抓好重要时间节点廉政提醒

廉政提醒不仅是党支部的一种工作提醒，更是对党员干部的爱护。要以中央八项规定为依据，结合本单位本部门实际，细化廉政提醒的事项，针对不同的节日形成差异化的禁止事项清单。常态化对禁止事项进行宣讲，倡导文明过节，廉洁过节。将廉洁提醒渗透到平时，形成惯例，提醒党员严格执行中央八项规定及其实施细则精神、守住廉政底线、以清廉为荣。定期汇编节日腐败及违规操办婚礼及"升学宴"等案例，以身边人身边事教育党员干部。汇总人员情况，建立台账关注结婚升学等节点，进行一对一提醒，发送廉政提醒函，签订不违规操办和参加婚礼、"升学宴""谢师宴"的承诺书等，同时还要凝聚家庭合力共筑廉洁防线。

案例卡片

国家邮政局政策法规司党支部在每次支部会议上安排15分钟左右的"纪律检查委员时间"，进行纪律告示、风险提示、案例警示"三示"教育。节日前夕，将廉政要求编辑成廉政提醒信息，分别在中秋、国庆等重要节日之前连续3天发送，范围覆盖全体党员干部，既表达了节日祝福，又时时敲响廉政警钟。提醒大家婉拒节礼、减少应酬，守住规矩、健康过节。

★ 国家邮政局政策法规司党支部开展纪律检查委员"三示"教育

第六章 以严的主基调加强纪律建设

第三节 使纪律真正成为带电的高压线

党章明确规定，党组织必须严格执行和维护党的纪律，共产党员必须自觉接受党的纪律的约束。要强化纪律执行，让党员干部知敬畏、存戒惧、守底线，习惯在受监督和约束的环境中工作和生活。交通运输部系统党支部要敢抓敢管，使纪律真正成为带电的高压线。

一、充分发挥"关键少数"的示范引领作用

"人不率则不从，身不先则不信。"从严治党、严明纪律，关键是要抓住领导干部这个"关键少数"。以管好"关键少数"引领"最大多数"。党支部书记和党支部委员要切实增强自律意识、标杆意识、表率意识，带头尊崇法纪，带头严格执行纪律、遵守规矩，时刻提醒自己、管好自己，要求党员做到的自己首先做到，要求党员不做的自己坚决不做。履行严格执行纪律、遵守规矩的领导责任，编制岗位履职清单，明确岗位风险点，制定防控措施，对潜在风险科学预判，不断增强工作的主动性和预见性。发挥好上行下效的整体效应，加强监督检查，切实提高对纪律和规矩的执行力。

二、严格履行监督职责

从巡视巡察、纪律审查发现的问题看，当前日常监督不严不实问题一定程度存在。有的组织生活流于形式，有的把批评和自我批评变成"礼炮""空炮"，有的对党员的苗头性、倾向性问题视而不见。党的十八届六中全会通过的《中国共产党党内监督条例》，从推进全面

从严治党的高度，对加强党内监督作出了全面部署，对党的基层党组织如何做好党内监督提出了明确的要求，为基层组织强化日常监督提供了法规依据。全面从严治党、加强党内监督，基层党组织决不能缺位。要切实发挥党支部、支部纪检委员和党员日常监督作用，确保政治方向不偏离、党员干部不出问题。

延伸阅读

机关基层党组织开展日常监督的方法

机关基层党组织应当加强对党员特别是党员领导干部的日常监督，保证党员严格遵守党章党规党纪、严格遵守和执行制度，做到忠诚干净担当，维护党的团结和统一，增强党组织的创造力、凝聚力、战斗力。

（一）定期检查、通报党员参加组织生活的情况，向上级党组织报告党员领导干部参加双重组织生活的情况；

（二）督促开好党员领导干部民主生活会，加强对本单位内设机构和直属单位党员领导干部民主生活会的指导；

（三）机关基层党组织专职副书记列席本单位党员领导干部民主生活会和党组（党委）以及本单位负责人召开的有关会议；

（四）了解并掌握机关党员以及领导干部的思想、作风和工作情况，及时向上级党组织和本单位党组（党委）反映；

（五）了解党员、干部落实廉政风险防控措施情况，发现问题及时向上级党组织和本单位党组（党委）报告；

第六章 以严的主基调加强纪律建设

> （六）每年至少召开1次机关党员干部大会，听取本单位主要负责人通报工作情况；
>
> （七）做好群众来信来访工作；
>
> （八）支持党员行使监督权利，履行监督义务，防止各种形式的打击报复。
>
> ——摘自中共中央《中国共产党党和国家机关基层组织工作条例》（2010年6月4日中共中央发布 2019年11月29日中共中央政治局会议修订）

发挥党支部监督作用。《中国共产党党内监督条例》第三十五条规定，党的基层组织应当发挥战斗堡垒作用，履行下列监督职责：①严格党的组织生活，开展批评和自我批评，监督党员切实履行义务，保障党员权利不受侵犯；②了解党员、群众对党的工作和党的领导干部的批评和意见，定期向上级党组织反映情况，提出意见和建议；③维护和执行党的纪律，发现党员、干部违反纪律问题及时教育或者处理，问题严重的应当向上级党组织报告。日常监督重在平常，贵在经常，首要的就是让党的组织生活严起来，用好"三会一课"以及组织生活会、民主评议党员等基本制度，让党的组织生活有实质内容，使之充满战斗性和锋芒。特别是要用好用足批评和自我批评这个锐利武器，严肃认真提意见、满腔热情帮同志，使红脸出汗成为党内生活的常态，真正达到"洗澡治病"的效果。

案例卡片

国家铁路局工程质量监督中心项目监督处党支部为了保证将全面从严治党要求贯彻落实到监管履职全过程，党支部及时

新时代交通运输部系统党支部建设

> 梳理廉政风险9个,防控措施34项,通过"定制度、重预防、严执纪",督促全体党员不断提高自律意识。坚持廉政提醒,筑牢廉洁"防火墙",要求每名党员严格执行中央八项规定及其实施细则精神要求,重点对监督检查检测、行政处罚建议,监督检测机构选定、政府采购等重要环节的关键岗位、关键人员和监督检查、节假日等关键时间节点实时"敲打",防患于未然。通过学习警示教育材料汇编、观看警示教育片、谈话提醒等多种方式,督促支部党员落实廉政责任,坚决维护铁路监管队伍的清廉正气。

发挥纪检委员的监督作用。《交通运输部直属机关党支部纪律检查委员会工作管理办法》第五条规定了支部纪检委员主要职责:①协助党支部书记研究提出党中央、上级党组织关于党风廉政建设工作部署年度计划安排,并督促落实。②协助党支部书记落实全面从严治党责任和政治生活制度,经常对党员进行党性党风党纪和廉洁教育。③协助党支部书记开展党员日常监督工作,发现党员有苗头性、倾向性问题,及时向党支部书记报告,并开展提醒、约谈等针对性工作。收到反映党员有关信访举报,及时向党支部书记和上级纪委报告,配合做好有关工作。④根据党支部或上级纪委安排,对问题轻微不需要追究党纪责任的党员进行谈话提醒、批评教育等。⑤保障党员权利,及时了解和反映党员对党的工作和党员干部的意见建议,了解受处分的党员思想状况和改正错误情况。⑥协助党支部书记健全完善党风廉政建设规章制度,并督促落实。⑦完成党支部和上级纪委交办的其他工作。纪检委员要发挥好监督宣教角色,确保基层党组织的贴身监督行之有效。要积极主动、科学有效地履行监督、检查、督促责任,做好日常监督,多教育,常提醒,不

第六章 以严的主基调加强纪律建设

仅管好"八小时以内",还管好"八小时以外",发现苗头及时提醒,将党的纪律守护在第一线。建立健全日常履职纪实、问题线索报告管理、党员干部思想作风动态等台账,关注支部党员思想动向,及时向上报告问题线索,将问题隐患解决在第一线。

发挥党员监督作用。《中国共产党党内监督条例》第三十六条规定,党员应当本着对党和人民事业高度负责的态度,积极行使党员权利,履行下列监督义务:①加强对党的领导干部的民主监督,及时向党组织反映群众意见和诉求;②在党的会议上有根据地批评党的任何组织和任何党员,揭露和纠正工作中存在的缺点和问题;③参加党组织开展的评议领导干部活动,勇于触及矛盾问题、指出缺点错误,对错误言行敢于较真、敢于斗争;④向党负责地揭发、检举党的任何组织和任何党员违纪违法的事实,坚决反对一切派别活动和小集团活动,同腐败现象作坚决斗争。在深入群众、联系群众上下足功夫,充分发挥党员、群众的监督作用,通过畅通信访举报渠道、开展民主监督、公开晒权,以及谈心谈话、座谈家访、设置意见箱等方式,开门搞监督、主动听意见,引导、鼓励和支持党员群众讲真话、讲心里话,织密监督之网。

延伸阅读

中央和国家机关党员工作时间之外政治言行若干规定(试行)

(2020年5月14日中央和国家机关工委会议审议批准 2020年5月20日中央和国家机关工委发布)

中央和国家机关首先是政治机关,是践行"两个维护"的第一方阵。中央和国家机关广大党员必须旗帜鲜明讲政治,在严守党的政治纪律和政治规矩上标准更高、要求更严,工作时间之外同样要强化自我约束,自觉规范政治言行,切实走在前、作表率。根据党章和有关党内法规,制定如下规定。

一、发表言论守底线。坚持政治底线不能碰、纪律红线不能越,在工作之外的任何场合都要谨言慎行,一以贯之讲政治、守纪律。不准散布违背党的理论和路线方针政策的言论;不准制造、传播丑化党和国家形象的言论;不准发表偏离"两个维护"的言论,搞任何形式的"低级红"、"高级黑";不准利用工作中掌握的信息散布所谓"内部"消息、小道消息;不准擅自接受媒体特别是国(境)外媒体采访。

二、网络行为须谨慎。牢记网络不是法外之地、党纪"飞地",必须做到网上网下同一标准、同一要求,坚决同一切违背、歪曲、否定党的政治路线的言行作斗争。不准发表、转发、点赞妄议党中央大政方针或者破坏党的集中统一的言论、文章、图片、音视频等;不准组织、参加反对党的基本理论、基本路线、基本方略的网络论坛、群组、直播等;不准擅自浏览、访问非法或者反动网站;不准在微博、微信、论坛社区等网络平台上制造、传播政治谣言或者其他不实信息。

三、表里如一见忠诚。对党忠诚老实、光明磊落,自觉践行初心使命,永葆公仆本色。不准人前一套、背后一套,台上一套、台下一套,工作中表态高调、私下里对党的路线方针政策和党中央决策部署说三道四,搞两面派、做两面人;不准违背社会公序良俗,在公共场所"雷言雷语"、恣意妄为,搞特殊、耍特权；不准以不在工作时间之内为由对群众诉求不理不睬、推诿扯皮，损害党群干群关系。

四、参加活动讲规矩。坚定政治立场，保持政治定力，增强政治敏锐性和政治鉴别力。不准参加反对党的理论和路线方针政策的集会、游行、示威等活动；不准搞封建迷信、信仰宗教、参与邪教，或者利用这些活动反对党的路线方针政策；不准擅自收听、收看国（境）外反动电台和电视节目，携带、收藏反动书籍、刊物、音像制品、电子读物等。

五、社会交往有原则。坚守做人、处事、用权、交友的底线，倡导清清爽爽的同志关系、规规矩矩的上下级关系、干干净净的政商关系，自觉净化社交圈、生活圈、朋友圈。不准以老乡、校友、同学、战友或者曾在同一系统、单位工作等关系拉帮结派，私下里互相称兄道弟，吹吹拍拍、拉拉扯扯，搞小圈子；不准组织、参加自发成立的老乡会、校友会、同学会、战友会等；不准通过组织聚餐、联谊等活动"拜码头"、"搭天线"、"傍大款"，进行利益输送或者结成利益集团。

六、严管严教正家风。注重家庭家教家风，从严管好亲属和身边工作人员，引导他们坚决听党话、跟党走，立德修身、遵纪守法、廉洁从业。不准对亲属和身边工作人员疏于教育管理，对其政治、思想、工作、生活等状况不管不问，对其错误言行失管失教、听之任之；不准默许、包庇、纵容亲属和身边工作人员打着中央和国家机关的旗号或者利用与本人的关系谋求特殊照顾、获取私利。

三、精准把握监督执纪"四种形态"

《中国共产党党内监督条例》规定,党内监督必须把纪律挺在前面,运用监督执纪"四种形态",经常开展批评和自我批评、约谈函询,让"红红脸、出出汗"成为常态;党纪轻处分、组织调整成为违纪处理的大多数;党纪重处分、重大职务调整的成为少数;严重违纪涉嫌违法立案审查的成为极少数。"四种形态"如同给纪律的尺子标记"四道刻度",表面上衡量的是违纪行为,指向的却是深层党性观念和党纪意识,反映了党员违纪现象的共性规律,具体地描绘出从量变到质变的梯度轨迹,精准地提出了由轻到重的应对之策。精准运用监督执纪"四种形态",第一种形态是基础也是关键,抓住了这个环节,党员干部就能不犯或少犯错误,要使第一种形态成为常态。第一种形态要以教育警醒为主,党支部要把对党员干部的教育管理监督做在平时、抓在日常,就要把咬耳扯袖、红脸出汗摆到更加重要的位置,对党员干部身上存在的问题及时进行批评教育帮助,抓早抓小、防微杜渐。要注重运用平时观察、个别谈话等方式,强化近距离、常态化的监督,做到对问题精准发现、及时提醒、及早预防。在运用第一种形态时,既对党员存在的错误提出严厉批评,又及时帮助其找出"病根",开出"药方",提出行之有效的改进意见,督促其整改落实,既彰显纪律的硬度,又体现批评教育帮助的温度。

第四节 落实一体推进不敢腐、不能腐、不想腐

反腐败斗争关系民心这个最大的政治,是一场输不起也决不能输

的重大政治斗争。党的十八大以来，我们党把反腐败斗争作为全面从严治党的重要内容，反腐惩恶，正风肃纪，反腐败斗争取得了压倒性胜利并全面巩固，但形势依然严峻复杂。新的征程上，交通运输部系统党支部要始终坚持把纪律和规矩挺在前面，主动作为，认真落实一体推进不敢腐、不能腐、不想腐。

一、强化不敢腐的震慑、扎牢不能腐的笼子、增强不想腐的自觉

习近平总书记在十九届中央纪委三次全会上提出一体推进"三不"的重要思想，在党的十九届四中全会上将一体推进"三不"体制机制确立为中国特色社会主义重要制度，在十九届中央纪委四次全会上将其上升为反腐败斗争基本方针和新时代全面从严治党重要方略，体现了把反腐败和监督工作融入管党治党全局、嵌入国家治理体系的战略设计，深化了对全面从严治党规律的认识。

> **案例卡片**
>
> 辽宁海事局法规处党支部开展模拟法庭，增强法治意识。模拟法庭围绕"玩忽职守罪"展开，通过类比真实刑事案件，剑指党员干部行政执法工作实务，针对与执法人员实施《辽宁海事局行政检查裁量基准》执法行为相关联的危害结果进行控辩质证。模拟法庭筹备组成员查阅并整理了100余篇案件判决书。从中筛选出30多篇以玩忽职守为案由，涉及海事执法人员的刑事案件，以此作为案情编辑的参考，以保证模拟案情真实、

诉讼焦点清晰的效果。精准复刻庭审流程，党员干部全程参与庭审现场。模拟法庭严格依据现行刑事案件的审理规定设置审理流程，分为庭前准备、宣布开庭、法庭调查、法庭辩论和评议宣判5个环节。模拟法庭的审判长、审判员、书记员、公诉人、辩护人和被告全部由辽宁海事局党员干部担任。邀请大连海事法院法官全程指导，辽宁海事局机关全体工作人员、各分支局分管法制工作局领导及法制部门负责人于庭审现场旁听。在法庭调查和法庭辩论环节，分别承担控辩角色的党员干部共提交各项证据材料70余份，并就《辽宁海事局行政检查裁量基准》制定的合规性、执法机构抽象职责与执法人员具体职责的关系、危害行为与危害结果的因果关系等案情焦点进行了充分辩论。

★ 辽宁海事局组织开展刑事诉讼模拟法庭普法教育活动

第六章　以严的主基调加强纪律建设

要让领导干部"不敢腐",必须从源头抓起,从完善机制入手,形成一整套"不能腐"的严格制度体系,使腐败的"成功率"大大降低。惩治是有效的教育,曝光是有效的震慑。交通运输部系统党支部要坚持内外监督融合,正面引导与反面警示相结合,建立通报曝光常态化机制,定期通报党员干部违纪典型案例,释放从严执纪的强烈信号,亮明纪律的"高压线",使党员干部自觉筑牢思想道德防线,强化纪律规矩意识,增强党员干部遵守党章党规党纪的自觉性。

要让领导干部"不能腐",必须强化对权力运行的制约和监督。完善党员预警管理机制,细化批评、诫勉、提醒等预警程序,营造"以廉为荣,以贪为耻"的氛围。科学配置权力和职能,健全分事行权、分岗设权、分级授权制度,完善权责清单制度,明晰权力边界,规范工作流程,强化权力制约。坚持权责透明,推动用权公开,运用"制度+科技"手段,建立权力运行可查询、可追溯的反馈机制。特别涉及审批监管、执法司法、工程建设、资源开发等重点领域的党员干部,要强化监督制约机制,梳理风险点,切实用制度管权管事管人,压缩权力行使的任性空间,让党员干部知敬畏、存戒惧、守底线。

案例卡片

宁波海事局北仑海事处党支部着力深化机制建设,预防腐败。一是创建"廉政零报告"制度。贯彻落实防范外部"不诚信行为",与处"廉政零报告"制度有机结合,要求执法人员对每次执法活动的廉政情况进行报告,推进廉政风险防范全覆盖。针对不同科室的执法形式,制定相应的廉政承诺内容,并把执法人员的廉政承诺深化到每一次执法过程中。同时建立了操作、归档以及督查制度，把"零报告"落到实处。二是"阳光"执法机制建设。结合执法全过程记录和4G执法记录仪的应用，全面推进执法全过程记录，编制《北仑海事处全过程执法记录（视频）操作要点》，进一步细化执法记录仪使用规范。深入推进执法过程在处内全公开，建设"阳光执法频道"微信群。第一时间亮晒执法情况，接受内部监督。三是构建起以现场为中心的廉政预防机制。改革完善现场综合执法机制要求，建立现场执法单元组长负责制。建立完善执法单元现场报告机制，每项现场执法任务结束时，执法单元负责人须向大队负责人电话汇报执法情况、廉政情况等，强化了对现场执法中廉政情况的监督和掌控。四是探索建立廉政风险预警发布机制。编制《北仑海事处廉政风险预警发布机制》，针对实际工作中的重大行政审批、行政许可事项、重大工程实施、重大违法案件查处等可能存在廉政风险的事项，及时向岗位相关人员发出预警信号，进行主动防范和监控。

要让党员干部"不想腐"，必须营造风清气正的政治生态和清正廉洁的文化氛围。2022年2月，中共中央办公厅印发的《关于加强新时代廉洁文化建设的意见》指出，必须站在勇于自我革命、保持党的先进性和纯洁性的高度，把加强廉洁文化建设作为一体推进不敢腐、不能腐、不想腐的基础性工程抓紧抓实抓好。新的征程上，要大力加强廉洁文化建设，以文化为载体，将廉洁的思想渗透到支部文化建设中，引导党员、干部加强自我改造，树立正确的世界观、人生观、价

第六章 以严的主基调加强纪律建设

值观。要以先进文化启智润心,以高尚道德砥砺品格,厚植廉洁奉公文化基础,用革命文化淬炼公而忘私、甘于奉献的高尚品格,用社会主义先进文化培育为政清廉、秉公用权的文化土壤,用中华优秀传统文化涵养克己奉公、清廉自守的精神境界。要从思想上固本培元,提高党性觉悟,培养廉洁自律道德操守,真正使不想腐成为价值取向和思维习惯,并升华为执政为民廉洁操守,转化为拒腐防变的能力。

延伸阅读

中共中央办公厅印发
《关于加强新时代廉洁文化建设的意见》

新华社北京 2022 年 2 月 24 日电 近日,中共中央办公厅印发了《关于加强新时代廉洁文化建设的意见》(以下简称《意见》),并发出通知,要求各地区各部门结合实际认真贯彻落实。

《意见》指出,党中央高度重视廉洁文化建设,强调反对腐败、建设廉洁政治,是我们党一贯坚持的鲜明政治立场,是党自我革命必须长期抓好的重大政治任务。全面从严治党,既要靠治标,猛药去疴,重典治乱;也要靠治本,正心修身,涵养文化,守住为政之本。必须站在勇于自我革命、保持党的先进性和纯洁性的高度,把加强廉洁文化建设作为一体推进不敢腐、不能腐、不想腐的基础性工程抓紧抓实抓好,为推进全面从严治党向纵深发展提供重要支撑。

《意见》强调,加强新时代廉洁文化建设,要坚持以习近平新时代中国特色社会主义思想为指导,全面贯彻党的十九大和十九届历次全会精神,增强"四个意识"、坚定"四个自信"、做到"两个维护",不忘初心、牢记使命,坚持思想建党和制度治党同向发力,坚持依法治国和以德治国相结合,以理想信念强基固本,以先进文化启智润心,以高尚道德砥砺品格,惩治震慑、制度约束、提高觉悟一体发力,推动廉洁文化建设实起来、强起来,不断实现干部清正、政府清廉、政治清明、社会清朗。

《意见》指出,要夯实清正廉洁思想根基,强化理论武装,增强政治定力抵腐定力;坚定信仰信念信心,筑牢拒腐防变思想防线;发展积极健康党内政治文化,引领廉洁文化建设。要厚植廉洁奉公文化基础,用革命文化淬炼公而忘私、甘于奉献的高尚品格,用社会主义先进文化培育为政清廉、秉公用权的文化土壤,用中华优秀传统文化涵养克己奉公、清廉自守的精神境界。要培养廉洁自律道德操守,引导领导干部明大德、守公德、严私德,把廉洁要求贯穿日常教育管理监督之中,把家风建设作为领导干部作风建设重要内容。要发挥廉洁教育基础作用,强化形势教育、纪法意识、警示震慑、示范引领。要弘扬崇廉拒腐社会风尚,运用新媒体新技术传播廉洁文化,丰富廉洁文化优质产品和服务供给,拓展利用廉洁文化资源。

《意见》要求,各地区各部门要担负起廉洁文化建设的政治责任,把廉洁文化建设纳入党风廉政建设和反腐败工作布局进行谋划,建立廉洁文化建设统筹协调机制,久久为功抓好落实,推动新时代廉洁文化建设深入开展。

第六章 以严的主基调加强纪律建设

二、促进融会贯通，不断增强统筹协调的合力

"三不"是密不可分的有机整体。不敢腐、不能腐、不想腐，相互融合、环环相扣，体现了内因和外因、自律和他律的辩证关系。不敢腐是前提，指的是纪律、法治、威慑，解决的是腐败成本问题，只有严厉惩治，一旦腐败就会付出惨重代价，才能让意欲腐败者不敢越雷池一步，为"不能""不想"创造条件；不能腐是关键，指的是制度、监督、约束，解决的是腐败机会问题，只有强化监督制约、扎紧制度笼子，才能让胆敢腐败者无机可乘，巩固"不敢""不想"的成果；不想腐是根本，指的是认知、觉悟、文化，解决的是腐败动机问题，只有树立廉荣贪耻的价值取向，才能从思想源头上消除贪腐之念，实现"不敢""不能"的升华。"三不"任何一方面滞后，都会影响反腐败整体进程和综合效果，必须同时发力、同向发力、综合发力。

不敢腐、不能腐、不想腐是相互依存、相互促进的有机整体，必须统筹联动，增强总体效果。在推进"不敢腐"时，要注重挖掘"不能腐"和"不想腐"的功能，从体制机制和制度漏洞中查找问题，用理想信念教育，使党员干部内心杜绝腐败的动机。在推进"不能腐"时，注重吸收"不敢腐"和"不想腐"的有效做法，研究体制机制漏洞，推动完善相关体制机制制度，提升制度执行的实效性和监督措施的针对性。在推进"不想腐"时，注重发挥"不敢腐"的威慑和"不能腐"的约束作用。总之，只有把不敢腐的强大震慑效能、不能腐的刚性制度约束、不想腐的思想教育优势融为一体，用"全周期管理"方式，推动各项措施在政策取向上相互配合、在实施过程中相互促进、在工作成效上相得益彰，才能真正取得标本兼治的效果。

第七章　加强交通运输部系统党支部建设的领导和保障

加强党的领导是推进党支部建设的关键，强化工作保障是做好党支部工作的重要条件。新的征程上，交通运输部系统各级党组织要认真履行管党治党、全面从严治党责任，全面加强对党支部工作的领导，把抓基层、打基础作为长远之计和固本之举，树立党的一切工作到支部的鲜明导向，切实增强抓好党支部建设的本领，全面建强党支部，确保党的路线方针政策和决策部署在交通运输落地生根，把党支部建设成为加快建设交通强国的坚强战斗堡垒。

第七章　加强交通运输部系统党支部建设的领导和保障

第一节　落实抓好党支部建设的主体责任

习近平总书记指出："历史和现实特别是这次活动都告诉我们，不明确责任，不落实责任，不追究责任，从严治党是做不到的。"[①] 交通运输部系统党支部建设能不能真正做到位、抓起来，说到底要看有没有责任，有了责任后能不能将其落实。要强化守土有责、守土担责、守土尽责的政治担当，扭住责任制这个"牛鼻子"，不折不扣落实全面从严治党责任。

一、党委（党组）履行抓好党支部建设的主体责任

党的十八大以来，以习近平同志为核心的党中央坚定不移推进全面从严治党，切实夯实管党治党政治责任，持续推进全面从严治党向纵深发展、向基层延伸。中共交通运输部党组全面贯彻党中央作出的全面从严治党重大战略部署，建立健全全面从严治党责任体系，不断加强党的基层组织建设。2018年4月，中共交通运输部党组印发的《中共交通运输部党组关于贯彻新时代党的建设总要求　推动全面从严治党向纵深发展的意见》强调，要建立全面从严治党主体责任和监督责任清单制度，建立横向到边、纵向到底管党治党工作责任链，主要负责同志承担第一责任，班子成员履行"一岗双责"。2020年3月，中共中央办公厅印发《党委（党组）落实全面从严治党主体责任规

[①]《习近平总书记重要讲话文章选编》，中央文献出版社、党建读物出版社2016年版，第170页。

新时代交通运输部系统党支部建设

定》。2020年4月,中共交通运输部党组印发《中共交通运输部党组落实全面从严治党主体责任清单》,要求党委(党组)履行管党治党政治责任,结合实际制定主体责任清单,建立健全管党治党工作责任链。

> **案例卡片**
>
> 珠海海事局党委坚定不移坚持和加强党的建设,突出党建工作"主责"意识,建立健全党建责任体系,严格落实从严治党责任。建立健全制度,制定《党建责任清单》,明确全局各党组织、书记、委员的职责要求、保障措施和责任追究,配套制定讨论和决定重大事项清单、请示报告事项清单、从严治党责任清单,构建了"全覆盖、无盲区、立体式"的党建责任体系。

加强党支部建设是管党治党、全面从严治党的重要基础性工作。2019年5月,中共交通运输部党组印发《中共交通运输部党组关于全面加强新时代党支部建设的意见》,对各级党组织全面建强党支部,履行主体责任提出明确要求。新的征程上,必须贯彻《党委(党组)落实全面从严治党主体责任规定》《中国共产党支部工作条例(试行)》等制度文件,落实好《中共交通运输部党组关于全面加强新时代党支部建设的意见》,切实履行党支部建设主体责任,努力夯实基层基础,为加快建设交通强国、当好中国现代化的开路先锋提供坚强政治和组织保障。一是党委(党组)应当把党支部建设作为最重要的基本建设,定期研究讨论,加强领导指导和督促检查,

第七章　加强交通运输部系统党支部建设的领导和保障

善抓两头、促中间，扩大先进党支部增量，提升中间党支部水平，整顿后进党支部，持续引导推动党支部提高工作水平，各级党委（党组）每年至少专题研究1次党支部建设工作。二是党委（党组）书记要履行抓基层党支部建设第一责任人职责，推动党组织履行基层党建工作主体责任，督促班子其他成员履行分管领域基层党建工作责任，带头建立党支部工作联系点，带头深入基层调查研究，发现和解决问题，总结和推广经验。三是党委（党组）班子其他成员要按照"一岗双责"要求，履行对分管领域的党支部建设重要领导责任，善于深入支部抓支部，自觉指导推动分管联系单位、部门抓好党支部建设工作。

延伸阅读

党委（党组）班子成员全面从严治党主体责任

2020年，中共中央办公厅印发《党委（党组）落实全面从严治党主体责任规定》，明确党委（党组）全面从严治党主体责任的责任内容、责任落实、监督追责等。其中第八条对党委（党组）班子成员落实全面从严治党主体责任内容进行了界定。

第八条　党委（党组）领导班子成员应当强化责任担当，狠抓责任落实，增强落实全面从严治党责任的自觉和能力，带头遵守执行全面从严治党各项规定，自觉接受党组织、党员和群众监督，在全面从严治党中发挥示范表率作用。

党委（党组）书记应当履行本地区本单位全面从严治党第

新时代交通运输部系统党支部建设

一责任人职责,做到重要工作亲自部署、重大问题亲自过问、重点环节亲自协调、重要案件亲自督办;管好班子、带好队伍、抓好落实,支持、指导和督促领导班子其他成员、下级党委(党组)书记履行全面从严治党责任,发现问题及时提醒纠正。

党委(党组)领导班子其他成员根据工作分工对职责范围内的全面从严治党工作负重要领导责任,按照"一岗双责"要求,领导、检查、督促分管部门和单位全面从严治党工作,对分管部门和单位党员干部从严进行教育管理监督。

二、加强对党支部建设的监督制约

抓好党支部建设工作,离不开监督制约。要强化党支部的日常监督管理,结合每个时期阶段性任务有效开展督查指导,随时了解掌握党支部工作的实际情况,适时地对有问题的党支部或者党支部书记进行谈话,尤其是抓好党支部书记或党支部带头人的跟踪管理。要严格执行述职述廉、诫勉谈话、函询等制度,深入开展民主评议,完善党支部工作监督制约制度。各级党委组织部门应当注意通过党支部了解掌握党员干部日常表现,干部考察应当听取考察对象所在党支部的意见,切实把严的要求贯穿于干部教育培养、监督管理等全过程和各环节。

案例卡片

2017年以来,莆田海事局党委弘扬"支部建在连上"的光荣传统,把支部建设放在更加突出的位置,持续加强和改进党支部建设,探索创新,形成了"三抓三融"党建工作机制,压

第七章 加强交通运输部系统党支部建设的领导和保障

实了党委加强党支部建设主体责任。

一、构建"三抓"机制，强化过程监督指导

（一）抓支部年度工作计划制定。党委每年第一季度组织召开党建工作会议，开展党支部年度工作计划评议，各支部相互学习、取长补短、互评打分，促进工作计划完善。

（二）抓月度执行工作抽查通报。局职能部门每月发布党支部月度重点任务清单，分别设置问题项和提醒项。对于被列入问题项的，纳入年度考核扣分，强化过程监督。

（三）抓年度党建工作考核评比。建立切合实际、可操作的党支部考核管理办法，将考核内容分为三个部分：一是年度党支部工作计划互评得分，占30%；二是月度通报问题数换算得分，占60%；三是年度支部书记"双述双评"评价得分，占10%。通过量化考核，确定支部年度党建工作考核得分。

二、构建"三融"机制，促进主体责任落实

（一）深化组织体系融合。实行"一处一支部"设置，推行党支部书记由处室负责人担任，压实党建主体责任。

（二）深化活动平台融合。实行月度例会、处务会既汇报和部署业务工作，也汇报和部署党建工作的"一会双报"机制。

（三）深化制度机制融合。建立健全党建工作与中心工作"同部署、同实施、同考核"工作制度，将党支部工作纳入目标考核、效能考核内容，同时推动党建考核结果与支部书记年度考核结果互为关联、联动式评价的机制，强化考核结果运用，促进党建工作与业务工作有机融合。

三、压实党委（党组）书记抓支部党建工作的述职评议考核

《中国共产党支部工作条例（试行）》第七章第三十二条规定："抓党支部建设情况应当列入各级党委书记抓基层党建工作述职评议考核的重要内容，作为评判其履行管党治党政治责任情况的重要依据。"中共中央组织部印发《党委（党组）书记抓基层党建工作述职评议考核办法（试行）》，明确开展述职评议考核范围、评议考核内容、评议考核结果应用等内容，这是全面压实党委书记抓基层党建工作述职评议考核、履行管党治党政治责任的具体细化。

党委（党组）书记党建工作述职评议考核是抓实基层党组织建设，特别是夯实党支部建设的重要环节，其目的在于督促各级党组织特别是主要负责人要把抓党建作为主业，以机制倒逼党要管党、全面从严治党。党的十八大以来，中共交通运输部党组先后印发《中共交通运输部党组关于优化改进基层党建考核工作的实施意见》《交通运输部系统党组织书记抓基层党建工作述职评议考核办法（试行）》，就考核的原则、考核重点、考核主体、组织实施和结果运用等作出规定。上述制度的实施，有力夯实了基层党建工作，推动了管党治党政治责任落实，推进了全面从严治党向基层不断延伸。与此同时，交通运输部系统各级党组织在实践中探索了一些创新性的具体考核评议办法和实施细则。江苏海事局党组在实践中形成了民主测评、第三方测评及综合考评的党建综合考评办法。汕头海事局党组聚焦"两个主业"的要求，从健全经常性督查指导机制入手，突出"报、晒、核、评和反

第七章 加强交通运输部系统党支部建设的领导和保障

馈"五个环节，探索形成了规范支部工作的"五步工作法"，推进党委书记抓基层党建工作述职评议考核不断走深走实，使机关党建工作形成赶超进位的良好态势。

★ 2021年江苏海事局党建工作领导小组会暨党组织书记述职评议考核会

交通运输部系统各级党组织应结合本部门、本单位实际，坚持和完善党委（党组）书记抓基层党建述职评议考核工作，实现全覆盖。抓基层党建工作述职评议考核，应以提升组织力为重点，突出政治功能，突出提高基层党组织建设质量，落实基层党建工作重点任务，加强党支部建设，提升"两个覆盖"质量、带头人队伍建设质量、党组织活动质量、发展党员和党员教育管理质量、党组织引领的质量，解决政治功能不强，弱化、虚化、边缘化等问题。

> **延伸阅读**

交通运输部系统党组织书记抓基层党建工作述职评议考核工作如何开展

根据《中国共产党章程》和党内法规等关于党组织书记抓基层党建工作述职评议考核工作的规定要求，中共交通运输部党组于2020年6月制定印发了《交通运输部系统党组织书记抓基层党建工作述职评议考核办法（试行）》。那么，交通运输部系统如何开展党组织书记抓基层党建工作述职评议考核工作的？

（一）开展部系统党组织书记抓基层党建工作述职评议考核，只对基层党支部书记进行吗？

答：开展述职评议考核，坚持部系统各级党组织全覆盖。

部直属机关党委书记向中央和国家机关工委述职，由中央和国家机关工委评议考核。部直属机关党委每年根据部党组、中央和国家机关工委要求，组织开展述职评议考核工作。向部党组述职并参加评议考核的部机关司局和部属在京有关单位党组织书记，部直属机关党委不再单独组织。部直属机关各单位党委每年组织开展对下属各级党组织书记述职评议考核。

（二）部属京外各级党组织书记向部直属机关党委述职吗？

答：部属京外各级党组织书记述职评议考核一般按照党组织隶属关系，由其上一级党组织开展。必要时，可按照干部管理权限，由其上级党组织或其上级党组织委托的党组织在领导班子和领导干部年度考核中一并组织开展。

第七章 加强交通运输部系统党支部建设的领导和保障

（三）党组织书记述职评议考核哪些内容？

答：述职评议考核应聚焦坚持和加强党的全面领导，落实党中央和上级党组织关于基层党建工作部署要求，履行基层党建工作责任，以提升组织力为重点，突出政治功能。主要内容参见《交通运输部系统党组织书记抓基层党建工作述职评议考核办法（试行）》第四条。

（四）述职评议考核一般安排在什么时间？

答：述职评议考核一般安排在当年年底或次年年初，结合领导班子和领导干部年度考核等进行。

（五）部系统党组织书记是现场述职还是书面述职？述职的要求有哪些？

答：述职可采取现场述职与书面述职相结合的方式进行。述职的党组织书记要紧扣述职评议考核重点内容，把自己摆进去，总结工作成效，主要查摆突出问题，分析产生根源，提出破解工作瓶颈的措施。述职报告应在一定范围内公布，接受基层党组织和党员群众监督。党组织书记应经常深入一线调研了解基层党建工作情况，推动解决突出问题。述职评议前，要对履职尽责抓基层党建工作情况进行总结，为述职、点评做好准备。

（六）现场述职评议如何开展？

答：现场述职评议时，上级党组织一般以规定的会议形式，听取下一级党组织书记述职。根据不同层级实际，可邀请部分熟悉基层党建工作情况的党代表和基层党员干部群众代表参加。

听取述职的上级党组织书记应逐一进行点评，班子其他成员可结合工作分工进行点评，重点指出存在的问题和努力方向。点评一般采取"一述一评"的方式进行，也可结合实际集中点评。要组织参会人员进行评议。

（七）基层党建考核、党组织书记抓基层党建工作述职评议考核分开进行吗？考核如何开展？

答：将基层党建考核统一纳入党组织书记抓基层党建工作述职评议考核，推动与其他业务考核统筹开展。

述职评议前，上级党组织一般应对基层党建工作情况进行实地考核，深入了解下一级党组织书记抓基层党建工作情况。考核应当认真落实《中共交通运输部党组关于优化改进基层党建考核工作的实施意见》，精简优化考核内容，改进考核方式方法，注重实绩实效。上级党组织应依据述职评议和实地考核结果，并结合平时调研了解，对下一级党组织书记抓基层党建工作情况形成综合评价意见，肯定成绩，指出问题，并按"好、较好、一般、差"确定等次。综合评价意见及等次按规定研究后，向被评议考核人反馈，在一定范围内通报，并按照干部管理权限，由组织人事部门根据有关规定归入干部人事档案。

（八）对在述职年度内任职时间不足6个月的党组织书记评定等次吗？

答：在述职年度内任职时间不足6个月的党组织书记，不对其履职情况评定等次，评价意见可以作为对所在基层党组织党建工作情况进行评价的重要参考。

第七章 加强交通运输部系统党支部建设的领导和保障

(九) 述职评议考核的结果如何应用?

答: 把抓基层党建工作情况作为党组织书记工作实绩评定的重要内容,作为领导干部选拔任用、培养教育和奖励惩戒的重要依据,作为评价所在单位年度党建工作情况的重要依据。对述职评议考核综合评价等次为"较好"及以下的,其年度考核不得评定为"优秀"等次;对综合评价等次为"一般"和"差"的,要约谈提醒指导、提出要求,督促限期整改,问题严重的要依照有关规定严肃追责问责。

述职的党组织书记应针对述职评议考核中指出的问题,列出整改清单,认真抓好整改落实。上级党组织应健全经常性指导推动机制,强化督促检查,及时通报整改情况,避免简单以问责代替整改。

四、强化对党支部建设的失责问责

加强党的建设,全面从严治党,就要做到有权必有责、有责要担当、失责必追究,落实党组织管党治党政治责任,督促党的领导干部践行忠诚干净担当。《中国共产党支部工作条例(试行)》第七章第三十二条规定:"对抓党支部建设不力、各项工作不落实的,上级党委及其组织部门应当进行约谈。对党支部建设出现严重问题,党员、群众反映强烈的,应当按照规定严肃问责。"

《中国共产党支部工作条例(试行)》将不落实抓党支部建设主体责任的情形分为两种。

一是抓党支部建设不力、各项工作不落实的，上级党委及其组织部门应当进行约谈。约谈是提醒和警示的有效手段。对党员领导干部进行约谈，是一种预防工作，也是一种纠偏正向的工作。通过约谈，提醒、警示约谈对象抓工作落实，抓任务推进。针对约谈对象所在部门、单位或约谈对象本人在落实抓党支部建设方面存在的问题，及时进行谈话提醒、提出明确要求，督促整改落实，是抓早抓小、治病救人的具体体现。被约谈对象应当重视约谈这种提醒方式，及时整改，提高党支部建设质量。

二是党支部建设出现严重问题，党员、群众反映强烈的，应当按照规定严肃问责。《中国共产党问责条例》第四条规定："党委（党组）应当履行全面从严治党主体责任，加强对本地区本部门本单位问责工作的领导，追究在党的建设、党的事业中失职失责党组织和党的领导干部的主体责任、监督责任、领导责任。"具体问责方式包括对党组织的检查、通报、改组3种方式，对党的领导干部的通报、诫勉、组织调整或者组织处理、纪律处分4种方式。对人民群众反映突出的问题党支部或党员，要深入调查，加大问责力度，切实落实党支部书记负责制，对因不履行职责侵害人民群众根本利益的行为和现象，要严厉追查和追究党支部书记和相关人员的责任。

第二节　增强抓好党支部建设的能力本领

重视党支部、善抓党支部，是党员领导干部政治成熟的重要标志。交通运输部系统各级党组织应切实把抓好党支部作为党的组织体系建设的基本内容、管党治党的基本任务、检验党建工作成效的基本标准，

第七章 加强交通运输部系统党支部建设的领导和保障

善抓全局,聚焦重点,不断增强抓好党支部的能力和本领,提升交通运输部系统党支部建设质量。

一、抓好"四强"党支部建设

2019年7月9日,习近平总书记在中央和国家机关党的建设工作会议上发表重要讲话。习近平总书记的重要讲话精辟论述了加强和改进中央和国家机关党的建设的重大意义,深刻阐明了新形势下中央和国家机关党的建设的使命任务、重点工作、关键举措,对加强和改进中央和国家机关党的建设作出全面部署。[①] 在中央和国家机关建设"政治功能强、支部班子强、党员队伍强、作用发挥强"的"四强"党支部,是深入贯彻落实习近平总书记在中央和国家机关党的建设工作会议上重要讲话精神的具体举措。

党的十九大以来,交通运输部系统各级党组织以习近平新时代中国特色社会主义思想为指导,按照中央和国家机关工委统一安排和部党组部署,对标"政治功能强、支部班子强、党员队伍强、作用发挥强"目标,全面加强党支部建设。交通运输部直属机关各级党组织持之以恒抓基层、打基础、管长远,始终把政治建设摆在党支部建设首位,坚定政治方向,自觉做到"两个维护",党支部的政治功能更加强化;按照"增加先进支部、提升中间支部、整顿后进支部"的思路,抓两头带中间,推动后进赶先进、中间争先进、先进更先进,以提升组织力为重点,配齐配强支部领导班子,锻造坚强有力的基层党

---

① 《习近平在中央和国家机关党的建设工作会议上强调 全面提高中央和国家机关党的建设质量 建设让党中央放心让人民群众满意的模范机关》,《人民日报》2019年7月10日。

新时代交通运输部系统党支部建设

组织；创新支部工作法，创建党建品牌，组织凝聚力、号召力、战斗力不断增强，党支部战斗堡垒作用、党员先锋模范作用发挥更加凸显，形成了大抓基层、大抓支部的良好格局。

★ 年度交通运输部系统优秀共产党员优秀党务工作者先进基层党组织表彰大会

新的征程上，交通运输部系统各级党组织要对照新时代党的建设总要求，对标部党组提出的新要求，对党支部建设情况进行常态化分析研判，认真破解思想重视还不够、政治功能发挥不足、党支部带头人队伍建设不力、党支部战斗堡垒作用发挥还不够充分、个别党员先锋模范作用还不凸显等问题，加大督促检查，不断扩大先进党支部增量、"四强"党支部数量，提升中间党支部水平，整顿后进党支部，使每一名党员都成为一面鲜红的旗帜，每一个支部都成为党旗高高飘扬的战斗堡垒。

聚焦政治功能强，做到"两个维护"。把政治建设摆在首位，始终坚定正确的政治方向，深刻认识"两个确立"的决定性意义，增强

第七章　加强交通运输部系统党支部建设的领导和保障

"四个意识",坚定"四个自信",做到"两个维护"。始终将学习贯彻习近平新时代中国特色社会主义思想作为首要政治任务,落实政治理论学习和党员教育培训,切实增强学习教育的系统性、针对性和实效性。推动党内政治生活实起来、严起来,认真贯彻落实新形势下党内政治生活若干准则,严格执行"三会一课"、组织生活会、民主评议党员、谈心谈话等制度。聚焦支部班子强,不断提高履职能力。选优配强支部班子,提升组织力凝聚力。教育监督引导党支部书记履职尽责,带头并带动党员干部把全面从严治党等各项要求落实到位。教育监督引导支部班子成员带头提高能力,不断提升专业素养、政治素质和政治能力。提升以党建带群团建设能力,将党建主题活动和群团活动融为一体,有效地团结起群众,将其转化为促进中心工作和党建事业的强大动力。党支部书记与支部委员要注重团结协作,不断提高支部整体工作质量和效果。聚焦党员队伍强,激发党员内在活力。要拓宽学习教育载体,强化作风建设,加强纪律规矩教育,做细做实思想政治工作,坚持严管与厚爱相结合,坚持发挥典型示范作用,激发党员内生动力。聚焦党支部作用强,打造坚强战斗堡垒。紧紧围绕交通运输事业发展大局,找准方位、定准坐标,研究谋划和推进工作,教育引导党员干部积极投身事业发展主战场,担当作为、狠抓落实,特别在重大任务、重大事件、重大考验面前和关键时刻,发挥"两个作用",敢于冲锋在前、勇挑重担,勇做新时代泰山"挑山工"。

延伸阅读

群团事业是党的事业的重要组成部分,党的群团工作是党治国理政的一项经常性、基础性工作,是党组织动员广大人民群众

新时代交通运输部系统党支部建设

为完成党的中心任务而奋斗的重要法宝。群团工作是我们党的一大创举,也是我们党的一大优势。作为党的事业不可分割的部分,在组织、联络、服务群众等方面肩负着重要的使命。在革命、建设、改革各个历史时期,在党的领导下,工会、共青团、妇联等群团组织积极发挥作用,组织动员广大人民群众坚定不移跟党走,为党和人民事业发展作出了重大贡献。《中国共产党支部工作条例(试行)》明确,党支部的基本任务之一就是领导本地区本部门本单位工会、共青团、妇女组织等群团组织,支持它们依照各自章程独立负责地开展工作。

案例卡片

　　交通运输部科学研究院党委坚持以习近平新时代中国特色社会主义思想为指导,对标"四强"党支部要求,细化目标、实化举措,加快提升党支部建设水平,为院高质量发展提供坚强政治保障。

　　一是强化政治功能。讲政治,以践行"两个维护"为根本,树牢政治机关意识,坚定政治方向。作表率,以"党员先锋岗"为示范,激发党员干部干在实处、走在前列。强落实,以"督评促查改"为抓手,确保党中央、国务院重大决策部署及部党组要求落到实处。

　　二是强化支部班子。建强班子,在班子配备上,坚持中层干部、业务骨干和党务干部三结合,交叉任职、党政联动、齐抓共管。创新方法,坚持一支部一品牌、一支部一特色,形成

第七章 加强交通运输部系统党支部建设的领导和保障

"234""六必讲"等支部工作法。推进发展,将党建工作的思想政治优势转化为业务发展优势,坚持党建和业务"四同步"。

三是强化党性锤炼。比担当,党员在重大任务中打头阵、担重任。比贡献,党员在重大科研项目中挑重担、克难关。比表现,党员在关键时刻当标杆、作表率。

四是强化示范引领。悟思想,建设关键少数示范学、骨干培训带动学、交流研讨深入学、线上线下联动学的"四学一体"理论武装格局。树典型,每年评选表彰"两优一先"、先进工作者等,广泛选树和宣传先进典型,展现新担当新作为。强引领,举办先进典型事迹报告会、模范机关建设交流会等,在全院营造向先进学习、向榜样看齐,争先创优的良好氛围。

二、推进党支部标准化规范化建设

党支部建设标准化规范化是指导和落实基层党支部建设的一套目标、制度、流程、载体、方法。习近平总书记高度重视标准化工作,强调:"标准决定质量,有什么样的标准就有什么样的质量,只有高标准才有高质量。"[1] 习近平总书记的重要论述对加强基层党建工作、提高党的建设质量提出了明确要求,为推动基层党组织全面进步、全面过硬指明了路径。

标准化规范化是党支部建设的形式和手段,目的是通过标准化规范化的阵地建设和支部工作,满足党员活动需求、群众服务需要,充

---

[1] 习近平:《做焦裕禄式的县委书记》,中央文献出版社2015年版,第36页。

新时代交通运输部系统党支部建设

分发挥党员先锋模范作用,提升基层党组织战斗力。党的十九大以来,交通运输部系统各级党组织以习近平新时代中国特色社会主义思想为指导,全面贯彻落实《中国共产党支部工作条例(试行)》,立足加快建设交通强国、建设人民满意交通主战场,坚持分领域统筹推进、加强体系建设、强化示范指导,着力解决一些基层党组织存在的弱化、虚化、边缘化问题,系统党支部标准化规范化水平不断提升。但客观上看,仍存在少数党支部重硬件、轻软件,过分注重场所、展板、笔记等外观形式统一好看的现象;还有的个别支部工作重留痕、轻实效,该开的会都开了,该做的记录一个没落下,却是为了开而开,为了记而记,成了"走过场",实效性不强等。究其原因,有的是相关负责人抓支部工作责任心不强;有的是错误政绩观作祟,试图用轰轰烈烈的形式代替扎扎实实的落实,用光鲜亮丽的外表替代支部实际作用的发挥;有的是不会抓支部建设,缺乏思路,没有抓手,只是简单机械执行上级政策,认为基本的动作都做了,该有的形式都有了,就算是抓好了。

案例卡片

国家铁路局规划与标准研究院综合处党支部始终坚持围绕中心、服务大局,着力在组织设置、支委会建设、组织生活、功能作用、党员队伍建设、制度保障六个规范上下功夫,精心打造"六强工程",以"六强"推进党支部建设。

扎实推进"党旗工程"强政治。树牢政治机关意识,坚持把政治建设摆在首位。严守政治纪律规矩,切实做到对党忠诚,通过过"政治生日"等政治仪式,激发党员的党员意识,使支

第七章　加强交通运输部系统党支部建设的领导和保障

部每名党员都成为一面鲜红的"党旗"。

扎实推进"聚力工程"强组织。着力规范党支部组织生活，创新丰富党日活动形式；着力规范支委会班子建设，切实增强党支部班子的整体合力；着力发挥支部功能作用，推进党中央决策部署、局党组和院党委部署要求落实落地。

扎实推进"凝心工程"强学习。抓好常态化学习，严格执行组织生活日（党日）理论学习制度，发扬"6+1"常态学习法。突出网络化学习，突出多样化学习，创新"我来讲一讲"等学习形式，提升学习成效。

扎实推进"榜样工程"强队伍。坚持广泛选树，用身边人身边事带动教育党员。大力宣传先进，通过《周年记实》、党建宣传屏等多媒体手段加强优秀事迹宣传。开展比学赶超，营造浓厚学习工作氛围。

扎实推进"样板工程"强制度。切实做到三个样板，即做学习制度的样板，做完善制度的样板，做执行制度的样板。

扎实推进"双促工程"强融合。围绕院建设"一流院所"目标，树立"融入中心抓党建，抓好党建促发展"的党建工作思路，全面推行"党建+"模式，实现党建和中心工作融合共促。

新的征程上，交通运输部系统各级党组织要贯彻落实《中国共产党支部工作条例（试行）》《中国共产党党和国家机关基层组织工作条例》，扎实推进党支部标准化规范化建设。一是组织设置规范。要以健全优化组织设置为着力点，按照规范、务实、管用原则，做

新时代交通运输部系统党支部建设

到应建尽建、设置规范、运行高效、调整及时。二是支委会建设规范。要以增强党支部委员会功能为着力点,选优配强党支部班子。三是组织生活规范。要以提升质量效果为着力点,严格执行党的组织生活制度。四是功能作用规范。要以全面提升组织力为着力点,强化政治功能,充分发挥战斗堡垒作用,推动党中央决策部署有效落实和本部门本单位中心任务顺利完成。五是党员队伍建设规范。要以提升素质能力为着力点,增强党员意识,充分发挥党员先锋模范作用,建设高素质党员队伍。六是制度保障规范。要以狠抓制度执行为着力点,健全制度,完善机制,狠抓落实,做到保障有力、运转有序。

党支部标准化规范化建设是一个长期的、动态的过程。交通运输部系统各级党组织应结合本部门、本单位实际,把党支部标准化规范化建设作为履行管党治党责任的重要任务,准确把握党支部政治属性,深入研究党支部建设内在规律,优化实施方案,努力破解制约标准化规范化建设及党建业务实质融合等难题,力求体现时代性、把握规律性、富于创造性,不断建强党支部,夯实党建高质量发展的基础。

案例卡片

广东东莞麻涌海事处始终坚持党建与海事工作同研究、同部署、同推进,聚焦"六化"、创建"六好",不断巩固提升党支部标准化规范化建设水平。

选举程序化,领导班子好。制定党支部选举工作模板,明确选举程序,规范方法步骤,做到操作有模板、执行有标准。实

第七章 加强交通运输部系统党支部建设的领导和保障

施"头雁"培育行动,党支部书记由处长担任。选优配强支部委员和党小组组长。

★2021年广东东莞麻涌海事处党支部"七一"专题组织生活会暨"标准化"主题党日活动

制度规范化,工作机制好。建立完善《党支部建设工作责任制实施细则》等制度体系,配套印发《党支部目标量化考核实施办法》等标准化文本范例,为基层党建工作开展提供学习指南和工作遵循。

任务清单化,阵地建设好。制定年度《支部党建工作计划表》等,做到工作细化到条目、责任落实到岗位、任务明确到人员。建立党员活动室、党建文化长廊活动阵地。

管理精细化,党员队伍好。探索制定《党员积分管理考评办法》,对党员实行"动态管理,阳光评议",为每名党员都建立了加分、扣分台账，将结果运用于评先推优、绩效管理、干部任用中，实现了"小积分大管理"。

评议标准化，工作业绩好。定期开展组织生活会和民主评议党员，细化"一岗一区两队"，创建"党员示范岗""党员责任区"，建立"党员突击队""党员服务队"，以评议规范、运行保障、争先创优成效。

服务常态化，群众反映好。健全联系服务群众制度，建立"六心"（待人真心、告知耐心、处事公心、工作细心、服务贴心、廉洁清心）联系基层和群众制度，建好服务型堡垒，在真抓实干中造福人民。

三、破解影响党支部建设高质量发展的瓶颈性问题

切实提高党支部建设质量，是马克思主义政党的内在要求，是新时代全面从严治党的重要内容。从实际情况看，影响党支部建设高质量发展的突出表现就是"灯下黑"和"两张皮"问题。"灯下黑"和"两张皮"这两个问题既相互联系，又相互区别。"灯下黑"问题的要害在于不抓，主体责任缺失；"两张皮"问题的要害在于抓不好，质量效果不高。

在中央和国家机关党的建设工作会议上，习近平总书记强调指出，"中央和国家机关出问题危害很大，属心腹之患而非皮癣之忧，小毛病不治久而久之也可能引起中风、心梗，必须采取有力举措加以解决"[①]。交通运输部系统各级党组织和党员干部要深刻体会习近平总

---

① 习近平：《在中央和国家机关党的建设工作会议上的讲话》，《求是》2019年第21期。

第七章　加强交通运输部系统党支部建设的领导和保障

书记对整治"灯下黑"问题的鲜明态度和坚强决心，深刻把握习近平总书记对整治"灯下黑"问题的明确要求和思路举措，深刻领会习近平总书记对整治"灯下黑"问题的良苦用心和深切期许。当前，交通运输部系统机关党建"灯下黑"问题主要表现在以下几个方面：政治意识淡化方面，主要是政治觉悟有偏差、理论学习跟不上、缺乏政治敏锐性；党的领导弱化方面，主要是领导不力、能力不足、担当不够；党建工作虚化方面，主要是组织建设有短板、党内政治生活不严肃、存在党建业务"两张皮"倾向；责任落实软化方面，主要是"一岗双责"落实不到位、作风建设不深入、全面从严治党有差距。"灯下黑"问题不是一朝一夕形成，速决战解决不了问题，必须做好打攻坚战、持久战的准备。要精准分析产生问题的原因，哪些是属于思想意识方面的问题，哪些是属于形式创新不足的问题，哪些是业务能力不够的问题，哪些是工作方式方法不当的问题，做到对症下药、整改到位。对问题突出的，集中专项整治。对有制度漏洞的，抓紧建章立制。对责任缺失的，严肃追责问责。

"两张皮"问题，也是在加强党的建设中遇到的顽瘴痼疾。交通运输部系统各级党组织积极探索推进党建与中心工作融合发展路径与方法，努力破解"两张皮"问题，取得了许多宝贵经验，形成了诸多好做法，有力促进了交通运输事业发展。如交通运输部海事局安全管理处党支部创新探索"四个融合"工作法，在日常工作中实现了党建工作与业务工作相融合、与难题破解相融合、与系统治理相融合、与队伍建设相融合。南通海事局党委深入落实"三聚三促五融合"党建和业务深度融合新模式，坚持以"党建业务一体化"为融合目标，在"目标、问题、实效"中探寻融合方向，在推动业务工作中注重发挥

新时代交通运输部系统党支部建设

党建引领、服务、保障作用,结合实际、深化拓展"理念、机制、组织、载体、区域、阵地、考评"融合工作举措,提炼形成了"1337"党建融合工作法。当然,交通运输基层单位仍然存在一些党支部的党建工作难以真正与业务工作深度融合的情况,在不同程度上存在"两张皮"现象。

导致"两张皮"现象的原因是多方面的。如党建工作与业务工作内容不同,党建工作主要是做人的工作,业务工作主要是做事或物的工作,对象的差异容易导致"两张皮"现象。如党建工作与业务工作特点不一样,业务工作抓一抓就有效果,党建工作是做人的工作,短时间内一般难以见到明显成效,这使不少领导干部对党建工作不上心、不热心。再如党务工作者兼职现象比较普遍,人的时间和精力有限,因此很难做到同时兼顾,最终往往导致抓业务多、抓党务少的结果。总体上看,党建工作与业务工作"两张皮"的现象,与二者在工作内容、工作特点上的差异有关,与人的精力时间有限有关,但更重要的原因,还在于这些部门和单位党组织在思想认识上存在重业务、轻党建的倾向,认为党建是"虚"的、业务是"实"的,从而使党建工作成了脱离业务工作、失去针对性和目的性的"花架子"。

坚持党建引领,推动党建和业务深度融合,是全面推进党支部建设高质量发展的关键。习近平总书记针对党建业务"两张皮"问题,多次作出指示批示,强调"我们坚持党建工作和中心工作一起谋划、一起部署、一起考核,坚决防止'一手硬、一手软'"①。新的征程上,交通运输部系统各级党组织要从思想认识、责任主体、方法途径、工作机制上

---

① 习近平:《在全国组织工作会议上的讲话》,人民出版社2018年版,第4页。

第七章　加强交通运输部系统党支部建设的领导和保障

着力破解党建与业务"两张皮"现象，聚精会神抓党建，一心一意谋发展，实现党建与业务有机结合，形成融合发展齐头并进的良好局面。

牢固树立融合发展理念，解决"为何结合"问题。没有脱离业务的政治，也没有脱离政治的业务。要自觉提高政治站位，从巩固党的执政地位的政治高度认识抓党建的重要性，深刻认识党建与业务的内在联系和高度统一性，增强"四个意识"、坚定"四个自信"、做到"两个维护"，坚持党对交通运输工作的绝对领导。树立正确的政绩观，以加快建设交通强国、当好中国现代化的开路先锋为己任，努力把党和人民赋予的政治使命完成好。

明确责任主体，解决"谁抓结合"问题。牢牢抓住党组织领导班子和领导干部，是解决"两张皮"问题的关键。领导班子成员全面实行"一岗双责"，明确党建责任清单，实现党建与业务工作双向进入，齐抓共管。党建与业务并重，加强党政"一肩挑"的党员领导干部和兼职党务干部本领建设，提升统筹抓、抓统筹的能力，保证党建与业务协调发展。

案例卡片

交通运输部党校（管理干部学院）党校教育部党支部紧贴新时代党校职责使命，围绕中心工作，依托"红心向党，学研先锋"品牌建设，激励党员岗位创先争优，发挥支部战斗堡垒作用，形成了"围绕中心抓党建，抓好党建促业务"的良性循环。规范做实"三会一课"，教育党员对党忠诚坚定不移，爱党爱国永葆激情，不忘初心跟党走，牢记使命勇担当。做到学为人师，行为世范，勤学精研，提升本领，把旗帜鲜明讲政治和"党校姓

新时代交通运输部系统党支部建设

> 党"融入教学、科研、管理全过程,把准政治方向,坚定政治立场,明确政治态度,严守政治纪律,服务党校教育高质量发展。

创新方法路径,解决"怎么结合"问题。始终围绕中心、服务大局,积极探索党建与业务融合发展规律,在统领、结合、渗透上下功夫,找准结合点、切入点和着力点,把党的建设贯穿交通运输工作各领域全过程。坚持党组织和党的工作全覆盖,在一线工地、流动场站、出国团组、临时机构设立临时党支部。引导广大党员在服务"一带一路"建设、京津冀协同发展、长江经济带发展等国家战略,在推进"四好农村路"建设等重大工作中攻坚攻关、争先创优、带头奉献,发挥战斗堡垒作用。推进党建品牌建设,组织机关司局和基层单位党组织结合业务特点,探索党建与业务相结合的有效途径,做到一支部一载体一特色。围绕重大活动、重点任务,加强主题宣传、典型宣传,弘扬社会主义核心价值观,为事业发展加油鼓劲、凝心聚力。围绕交通运输改革发展,广泛开展建言献策活动。开展职工思想动态分析,及时了解职工心声,征求群众意见,解决实际问题,有针对性地加强思想政治工作。如连云海事处党支部创新"党建+X"模式,推进党建与业务"双融合",保障了部门业务健康有序发展。枝江海事处党支部自2018年4月起,探索运行"党员说"工作法,通过坚持每月开展一次"党员说"如何发挥党员先锋模范作用,"党小组说"如何发挥领导力、战斗力及组织力,提升了党建与业务深度融合的质量。

建立制度机制,解决"保障结合"问题。应研究完善科学合理又简便易行的考评标准,党建工作的考评应兼顾年度定量考评与长期定

第七章　加强交通运输部系统党支部建设的领导和保障

性考评，兼顾组织考评与党员群众评价，真正达到以考评促党建的效果。完善督导检查等制度机制，对党建工作不力、排名靠后的党组织负责人开展批评性约谈，及时提醒纠正，全程督查。将党建工作纳入中心工作绩效考核制度，与干部选拔任用挂钩，优先提拔党建和业务成绩都好的干部。大力营造"抓好党建是本职，不抓党建是失职，抓不好党建是不称职"的浓厚氛围和用人导向，推动党建与业务同谋划同部署同检查同落实①。

案例卡片

福建海事局机关党委结合海事工作实际，探索构建"1122"党建工作法，推动机关党建工作与业务工作深度融合，有效破解党建工作与业务工作"两张皮"问题。

（一）一会双报。在局党组层面，实行"一会双报"制度，即机关各处室（支部）负责人在机关月度例会上必须同时报告本部门上个月业务工作和支部工作情况，以及本月两个方面的工作计划安排，认真落实"一岗双责"，切实履行党建与行政双重职责。

（二）一份清单。在机关党委层面，持续推行月度党建重点工作清单制度，即机关党委每月统筹确定月度党建重点工作任务清单，发送机关各支部参照执行。要求机关各支部建立健全"一个手册""两个记录""四类档案"等清单和台账，明确

---

① 交通运输部直属机关党委：《坚持"三个一起"着力破解党建与业务"两张皮"难题》，《党建》2018 年第 11 期。

支部党员每人每年至少独立承担一项党建工作,着力营造人人参与党建的良好氛围。

(三)两会并开。在机关党支部层面,实行"两会并开"制度,即各处室每月在相对固定日(一般为局月度例会后第一个工作日)召开处务会和支部党员大会,组织学习、部署工作、民主议事、思想交流,推动党建工作与业务工作同部署、同推进、同检查、同落实。科学统筹党建与业务工作,把业务工作中的"热点""难点"问题作为支部党建工作的切入点,充分发挥党员干部积极性和创造性,共同解决,促使党建工作有效融入中心工作。

(四)双轮驱动。建立了以机关作风建设为核心的"四优文明处室"考评体系,以及以提升组织力为核心的"达标创星"评价体系,初步形成双轮驱动的考评激励机制。同时,实现"同步考核""双向运用",把考核结果运用到干部管理、评先评优、表彰奖励上,与干部选拔任用有效衔接,与干部奖惩直接挂钩,与干部日常管理充分融合,通过结果运用、奖优罚劣、激励鞭策,激发干部干事创业的精气神。

第三节 加强党支部建设的保障措施

"巧妇难为无米之炊",只有保障条件和措施到位,才能更好地做好党支部工作。《中国共产党支部工作条例(试行)》第七章第三十三条规定,各级党组织应当为党支部开展工作提供必要条件,给予经费

第七章　加强交通运输部系统党支部建设的领导和保障

保障。这一规定以党内法规形式为党支部开展工作给予必要保障提供了制度依据。

一、为党支部开展工作提供活动场所保障

加强党员活动阵地建设是加强组织建设的重要措施和途径，是党组织建设的基础性工作。要提升党支部在基层组织中的凝聚力和战斗力，首先，要有固定的活动场所，能够让人民群众感受到党支部的存在；其次，从党员的层面来说，离开党支部活动的场所，党员就可能在内心上缺少对党的组织的依附感。因而，要切实改善党支部活动的基础设施，让党的旗帜在基层组织中高高飘扬，让党员感受到党组织的阵地的存在，找到"组织之家"。

党的十八大以来，交通运输部系统各级党组织高度重视党支部活动场所建设，党支部活动场所建设取得显著成绩。如交通运输部机关、直属单位各级党组织，全面推进基层党支部党员活动室标准化工作，大力加强党员活动室建设，做到了活动室有党旗、誓词、党员权利义务和"两学一做"学习教育活动展示，有荣誉展柜用于摆放党组织和党员所获得的表彰、奖励等荣誉，有形象墙并设有党建专栏等，切实为党员教育、管理、活动打造新阵地，真正让党员活动室成为党组织建设活动的坚强阵地和温馨的党员之家。海口海事局通航交管党支部按照"六有"标准，打造了特色鲜明的"海峡守望者"党员活动阵地，除了利用阵地过好"三会一课"组织生活，还专门设置了"红色讲坛"，每月定期开展讲红色党史、颂红色经典主题教育。还有的基层党组织引导党支部充分利用党员活动室展示党员业绩，建设文化长廊、内外网站、微信平台、网上党员之家，全方位展示党支部业绩和

党员先进事迹，激发党员工作激情，推进中心工作。

> **延伸阅读**
>
> ### 应当和可以使用党旗的情形
>
> 对何种情形应当使用党旗，何种情形可以使用党旗，《中国共产党党徽党旗条例》第九条、第十条予以明确规定。
>
> **第九条** 下列情形应当使用党旗：
>
> （一）举行新党员入党宣誓仪式，组织党员重温入党誓词；
>
> （二）党内举行重大庆祝、纪念活动；
>
> （三）党的中央和地方委员会及其工作部门、党的中央和地方委员会在特定地域派出的代表机关及其工作部门、党的纪律检查机关、党组的会议室。
>
> **第十条** 下列情形可以使用党旗：
>
> （一）召开党员大会、党的基层代表大会；
>
> （二）党的基层组织开展主题党日；
>
> （三）党员教育基地、党员先锋岗，以及党群服务中心、党员活动室等基层党组织活动场所；
>
> （四）在重要工作、重要项目攻关和抢险救灾、抗击疫情一线的党组织阵地、党员突击队等；
>
> （五）开展党的对外交往活动。
>
> 除上述情形外，一般参照党徽图案可以使用情形使用党旗图案。

第七章 加强交通运输部系统党支部建设的领导和保障

案例卡片

舟山普陀山海事处党支部创新方式方法,强化阵地建设,打造"三个园地",凝聚干事创业精气神。

一是建设主题公园。通过文化上"墙",打造以"海事人·党建情"为主题的党建公园,时刻提醒党员"学党史、知党情、跟党走",传承红色基因,赓续红色血脉,努力践行"一名党员就是一面旗帜,一个支部就是一座堡垒"的目标。同时,将主题公园作为每一名党员过政治生日的场所,形成浓厚政治仪式感。

二是完善党群家园。创新构建"一标语墙、一书橱、一书架、一多媒体屏、一谈心桌、一支部二维码"的"六个一"标准,定期组织党员开展形式多样的学习活动和党员、群众结对帮带活动,成为宣传党的方针政策、团结党员群众、加强思想政治建设的重要阵地。

三是构建网络学园。建立网上党员活动场所,创建"党建微信群",纵向拓展课程深度,发布更新学习课件,横向拓宽课程广度,鼓励广大党员利用碎片化时间开展自学,结合"学习强国"学习平台APP海量学习资源,打造在线学习新体验,推动理论武装入脑入心,队伍廉政不出事。

2014年5月,中共中央办公厅印发的《关于加强基层服务型党组织建设的意见》提出建设基层服务型党组织要达到的"六有"目标,明确指出支部要"有功能实用的服务场所,建设便捷服务、便利活动、便于议事的综合阵地"。加强基层党支部活动场所建设,就是让党员有一个"家",让支部有一个平台,充分发挥战斗堡垒作用,充分发挥基层党组织服务党员群众的基本功能,围绕建设服务型党组织、提升基层党建工作质量做文章,保障党员学习、教育有载体,党组织议事有中心,党群活动有场所。因此,抓好支部活动阵地建设,应继续强化党支部的阵地保障意识,进一步依据各自的实际情况,整合资源,加强基础设施建设与管理,确保党支部"有地议事"。要按照"建设便捷服务、便利活动、便于议事的综合阵地"要求,坚持把党支部活动建设成为党开展组织群众、宣传群众、凝聚群众、服务群众的重要平台和重要途径,充分发挥办公议事、开展党的活动、提供便民服务等综合功能,积极运用现代化技术和现代化手段,增强党的建设的实效性和时代性。要与干部办公、党员活动等结合起来,合理配置资源,为党支部有效开展工作创造良好的氛围和条件。

二、推进信息化技术赋能党支部建设

随着信息科技的迅猛发展,党的建设和信息技术融合成为大势所趋。加快改进党建的工作手段和方式方法,应用现代网络信息技术来创建党建的工作新平台,是各级党组织在开展工作中需要面临的一项重大课题。

近年来,交通运输部系统各级党组织积极探索"互联网+党建"做法,进一步提升了党支部组织力,强化了党支部政治功能,为交通强国建设提供坚强政治保证。如交通运输部公路科学研究院党委利用微信公众号每周推送党建文化专刊《日新》、内刊《快讯》,宣贯党的创新理论,推广工作成果,弘扬先进事迹,凝聚发展共识。湛江霞海

第七章　加强交通运输部系统党支部建设的领导和保障

海事处党支部通过"互联网＋党建"平台建设，利用微信公众号、政务信息等形式宣传支部在发挥支部战斗堡垒作用和党员先锋模范作用方面的新亮点、新成效，把支部建设成凝聚人心、鼓舞斗志的坚强战斗堡垒。

新的征程上，交通运输部系统各级党组织要善于运用互联网技术和信息化手段，适应受众特点、丰富传播内容、创新互动方式，打造充满正能量、党员群众喜爱的网络平台，大力推进智慧党建建设，创新党支部活动方式，提高党支部党建工作成效。

案例卡片

信息化时代，如何抓好党建工作是每一个基层党组织思考和探索的现实问题。大连海事大学航海学院学生第七党支部以互联网为依托，着力创新打造四个"互联网＋"党建工作阵地，四位一体塑造"指尖党建"品牌，切实解决支部组织生活开展受限、党员学习教育效果不佳等方面的问题。

（一）建设理论知识学习推送阵地，将知识"送"给党员。支部开通"红专青年指尖加油站"微信公众号，结合日常党员培养计划与党史学习教育计划，持续分类推送理论知识学习、党史学习教育材料，理论知识学习推送阵地建有所成，有力地支撑了支部党员教育工作的开展，让理论知识学习入脑入心，更加春风化雨、润物无声。

（二）建设理论知识自学下载阵地，让党员获"取"知识。支部打造"云端"党建理论知识信息库，累计上传红色电影、十九大学习资料、党章学习资料等理论知识材料超30GB，初步建成理论知识自学下载阵地，畅通了理论知识自学资料下载渠道，党员群众能够合理安排自学计划，让理论知识学习更加兼顾个性。

（三）建设理论学习成果检验阵地，帮党员"检"验成果。支部搜集"云端"党建理论知识题库，结合微信公众号日常推送内容，累计搜集党史知识题库、党章知识题库等多个专题共2000余道题目，并通过"问卷星"将其接入微信公众号，理论学习成果检验阵地建设初现成效，有力保障了支部党员群众培养教育与理论知识学习成果验收，让理论知识学习成效更加具象。

（四）建设组织生活便捷开展阵地，助党员共"享"体会。支部利用"腾讯会议"等云端会议APP，组织离校准毕业生党员积极参与组织生活，分享推送学习及自学心得体会，组织生活便捷开展阵地建设初具规模，有效地解决了离校党员参与组织生活受限、学习教育与支部计划脱节等问题，让组织生活开展更加便捷。

三、党支部工作开展与党费使用

党支部开展工作必然需要经费特别是党费支持和保障。关于党费的使用问题，中共中央组织部、中央和国家机关工委、中共交通运输部直属机关委员会先后印发制度文件，对党费收缴、使用和管理工作予以规范。早在2008年，中共中央组织部印发《关于中国共产党党费

第七章 加强交通运输部系统党支部建设的领导和保障

收缴、使用和管理的规定》，对各级党组织留存、下拨党费作出原则性规定。根据《关于中国共产党党费收缴、使用和管理的规定》等有关党内法规，中央和国家机关工委于2020年4月印发了《中央和国家机关基层党组织党费收缴、使用和管理办法（试行）》。同年6月，中共交通运输部直属机关委员会按照中央组织部、中央和国家机关工委印发的规定办法，制定了《交通运输部直属机关基层党组织党费收缴、使用和管理细则（试行）》。《交通运输部直属机关基层党组织党费收缴、使用和管理细则（试行）》明确了党费的收缴、管理，强调党费必须用于党的活动，党费的使用用途和项目主要包括：教育培训党员和入党积极分子、基层党务工作所产生的住宿费、伙食费、交通费、师资费、场地费、资料费、门票费、讲解费等；开展"三会一课"、主题党日、创先争优、党组织换届以及党内集中学习教育所产生的会议费等；开展党内关怀帮扶产生的费用，包括走访慰问离退休干部职工党员、生活困难党员和党务工作者、扶贫和挂职党员、因公伤残党员、因公殉职和因公牺牲党员家庭等；评选表彰先进基层党组织、优秀党员、优秀党务工作者等所产生的会议、活动、奖励等费用，以及组织受表彰同志和代表参加有关会议和活动的费用；修缮、新建基层党组织活动场所、为活动场所配置必要设施、设备、书籍等所产生的相关费用；编印党员教育培训教材，印制入党志愿书、党员组织关系介绍信、党员证明信、党费证、党员档案等所产生的工本费，购买党徽党旗，党费财务管理中产生的购买支票、转账手续费等相关费用；党内法规和文件规定的其他支出用途或者项目。在日常工作中，《交通运输部直属机关基层党组织党费收缴、使用和管理细则（试行）》使党费政策规定更易操作和执行，解决了各级党组织在工作中的现实问题，在保障党支部更好地开展工作上发挥了重要作用。

新的征程上，交通运输部系统各级党组织要不断加强保障体系建设，建立健全经费保障机制，将党支部活动经费列入预算，安排专项资金，为党支部开展活动提供充分保障。

延伸阅读

共产党员，你的党费到底应该交多少？怎么交？

按照党章规定向党组织交纳党费，是共产党员必须具备的起码条件，是党员对党组织应尽的义务。那么，你的党费交多少？怎么交？

（一）党员缴纳党费的计算基数如何确定？

答：按月领取工资的党员，每月以工资总额中相对固定的、经常性的工资收入（税后）为计算基数，按规定比例交纳党费。

工资总额中相对固定的、经常性的工资收入包括：机关工作人员（不含工人）的职务工资、级别工资、津贴补贴；事业单位工作人员的岗位工资、薪级工资、绩效工资（其中的基础性绩效工资应列入党费计算基数，奖励性绩效工资不列入党费计算基数）、津贴补贴；机关工人的岗位工资、技术等级（职务）工资、津贴补贴；企业人员工资收入中的固定部分（基本工资、岗位工资）和活的部分（奖金）。

（二）党员每月交纳多少党费？

答：党员交纳党费的比例为：每月工资收入（税后）在3000元以下（含3000元）者，交纳月工资收入的0.5%；3000

第七章 加强交通运输部系统党支部建设的领导和保障

元以上至5000元（含5000元）者，交纳1%；5000元以上至10000元（含10000元）者，交纳1.5%；10000元以上者，交纳2%。每名党员月交纳党费一般不超过1000元。

（三）领取年薪的党员每月交多少党费？

答：实行年薪制人员中的党员，每月以当月实际领取的薪酬收入为计算基数，参照《关于中国共产党党费收缴、使用和管理的规定》第一条、第二条规定交纳党费。

（四）离退休干部、职工党员不交党费了吗？

答：离退休干部、职工中的党员，每月以实际领取的基本离退休费或基本养老金为计算基数，不包括津贴补贴，5000元以下（含5000元）的按0.5%交纳党费，5000元以上的按1%交纳党费。

生活确有困难的，经党支部研究同意，可以少交或免交。

（五）有困难的党员可以不交党费吗？

答：交纳党费确有困难的党员，经党支部研究，报上一级党委批准后，可以少交或免交党费。

（六）预备党员需要等到转为正式党员后再交党费吗？

答：预备党员从支部大会通过其为预备党员之日起交纳党费。

（七）流动党员党费交到哪里？

答：党员一般应当向其正式组织关系所在的党支部交纳党费。持《中国共产党流动党员活动证》的党员，外出期间可以持证向流入地党组织交纳党费。

(八) 党员想多交党费怎么办？

答：党员自愿多交党费不限。自愿一次多交纳1000元以上的党费，全部上缴中央。

(九) 党员必须每个月都交纳党费吗？

答：党员应当增强党员意识，主动按月交纳党费。遇到特殊情况，经党支部同意，可以每季度交纳一次党费，也可以委托其亲属或者其他党员代为交纳或者补交党费。补交党费的时间一般不得超过6个月。

(十) 对不按照规定交纳党费的党员怎么处理？

答：对不按照规定交纳党费的党员，其所在党组织应及时对其进行批评教育，限期改正。对无正当理由，连续6个月不交纳党费的党员，按自行脱党处理。

附录

中国共产党支部工作条例（试行）
（2018年10月28日起施行）

第一章 总 则

第一条 为了坚持和加强党的全面领导，弘扬"支部建在连上"光荣传统，落实党要管党、全面从严治党要求，全面提升党支部组织力，强化党支部政治功能，充分发挥党支部战斗堡垒作用，巩固党长期执政的组织基础，根据《中国共产党章程》和有关党内法规，制定本条例。

第二条 党支部是党的基础组织，是党组织开展工作的基本单元，是党在社会基层组织中的战斗堡垒，是党的全部工作和战斗力的基础，担负直接教育党员、管理党员、监督党员和组织群众、宣传群众、凝聚群众、服务群众的职责。

第三条 党支部工作必须遵循以下原则：

（一）坚持以马克思列宁主义、毛泽东思想、邓小平理论、"三个代表"重要思想、科学发展观、习近平新时代中国特色社会主义思想为指导，遵守党章，加强思想理论武装，坚定理想信念，不忘初心、牢记使命，始终保持先进性和纯洁性。

（二）坚持把党的政治建设摆在首位，牢固树立"四个意识"，坚定"四个自信"，做到"四个服从"，旗帜鲜明讲政治，坚决维护习近平总书记党中央的核心、全党的核心地位，坚决维护党中央权威和集中统一领导。

（三）坚持践行党的宗旨和群众路线，组织引领党员、群众听党话、跟党走，成为党员、群众的主心骨。

（四）坚持民主集中制，发扬党内民主，尊重党员主体地位，严肃党的纪律，提高解决自身问题的能力，增强生机活力。

（五）坚持围绕中心、服务大局，充分发挥积极性主动性创造性，确保党的路线方针政策和决策部署贯彻落实。

第二章　组织设置

第四条　党支部设置一般以单位、区域为主，以单独组建为主要方式。企业、农村、机关、学校、科研院所、社区、社会组织、人民解放军和武警部队连（中）队以及其他基层单位，凡是有正式党员3人以上的，都应当成立党支部。

党支部党员人数一般不超过50人。

第五条　结合实际创新党支部设置形式，使党的组织和党的工作全覆盖。

规模较大、跨区域的农民专业合作组织、专业市场、商业街区、商务楼宇等，符合条件的，应当成立党支部。

正式党员不足3人的单位，应当按照地域相邻、行业相近、规模适当、便于管理的原则，成立联合党支部。联合党支部覆盖单位一般不超过5个。

为期6个月以上的工程、工作项目等，符合条件的，应当成立党支部。

流动党员较多，工作地或者居住地相对固定集中，应当由流出地党组织商流入地党组织，依托园区、商会、行业协会、驻外地办事机构等成立流动党员党支部。

第六条 党支部的成立，一般由基层单位提出申请，所在乡镇（街道）或者单位基层党委召开会议研究决定并批复，批复时间一般不超过1个月。

基层党委审批同意后，基层单位召开党员大会选举产生党支部委员会或者不设委员会的党支部书记、副书记。批复和选举结果由基层党委报上级党委组织部门备案。

根据工作需要，上级党委可以直接作出在基层单位成立党支部的决定。

第七条 对因党员人数或者所在单位、区域等发生变化，不再符合设立条件的党支部，上级党组织应当及时予以调整或者撤销。

党支部的调整和撤销，一般由党支部报所在乡镇（街道）或者单位基层党委批准，也可以由所在乡镇（街道）或者单位基层党委直接作出决定，并报上级党委组织部门备案。

第八条 为执行某项任务临时组建的机构，党员组织关系不转接的，经上级党组织批准，可以成立临时党支部。

临时党支部主要组织党员开展政治学习，教育、管理、监督党员，对入党积极分子进行教育培养等,一般不发展党员、处分处置党员,不收缴党费,不选举党代表大会代表和进行换届。

临时党支部书记、副书记和委员由批准其成立的党组织指定。

临时组建的机构撤销后,临时党支部自然撤销。

第三章 基 本 任 务

第九条 党支部的基本任务是:

(一)宣传和贯彻落实党的理论和路线方针政策,宣传和执行党中央、上级党组织及本党支部的决议。讨论决定或者参与决定本地区本部门本单位重要事项,充分发挥党员先锋模范作用,团结组织群众,努力完成本地区本部门本单位所担负的任务。

(二)组织党员认真学习马克思列宁主义、毛泽东思想、邓小平理论、"三个代表"重要思想、科学发展观、习近平新时代中国特色社会主义思想,推进"两学一做"学习教育常态化制度化,学习党的路线方针政策和决议,学习党的基本知识,学习科学、文化、法律和业务知识。做好思想政治工作和意识形态工作。

(三)对党员进行教育、管理、监督和服务,突出政治教育,提高党员素质,坚定理想信念,增强党性,严格党的组织生活,开展批评和自我批评,维护和执行党的纪律,监督党员切实履行义务,保障党员的权利不受侵犯。加强和改进流动党员管理。关怀帮扶生活困难党员和老党员。做好党费收缴、使用和管理工作。依规稳妥处置不合格党员。

(四)密切联系群众,向群众宣传党的政策,经常了解群众对党员、党的工作的批评和意见,了解群众诉求,维护群众的正当权利和利益，做好群众的思想政治工作，凝聚广大群众的智慧和力量。领导本地区本部门本单位工会、共青团、妇女组织等群团组织，支持它们依照各自章程独立负责地开展工作。

（五）对要求入党的积极分子进行教育和培养，做好经常性的发展党员工作，把政治标准放在首位，严格程序、严肃纪律，发展政治品质纯洁的党员。发现、培养和推荐党员、群众中间的优秀人才。

（六）监督党员干部和其他任何工作人员严格遵守国家法律法规，严格遵守国家的财政经济法规和人事制度，不得侵占国家、集体和群众的利益。

（七）实事求是对党的建设、党的工作提出意见建议，及时向上级党组织报告重要情况。教育党员、群众自觉抵制不良倾向，坚决同各种违纪违法行为作斗争。

（八）按照规定，向党员、群众通报党的工作情况，公开党内有关事务。

第十条 不同领域党支部结合实际，分别承担各自不同的重点任务：

（一）村党支部，全面领导隶属本村的各类组织和各项工作，围绕实施乡村振兴战略开展工作，组织带领农民群众发展集体经济，走共同富裕道路，领导村级治理，建设和谐美丽乡村。贫困村党支部应当动员和带领群众，全力打赢脱贫攻坚战。

（二）社区党支部，全面领导隶属本社区的各类组织和各项工作，围绕巩固党在城市执政基础、增进群众福祉开展工作，领导基层社会治理，组织整合辖区资源，服务社区群众、维护和谐稳定、建设美好家园。

（三）国有企业和集体企业中的党支部，保证监督党和国家方针政策的贯彻执行，围绕企业生产经营开展工作，按规定参与企业重大问题的决策，服务改革发展、凝聚职工群众、建设企业文化，创造一流业绩。

（四）高校中的党支部，保证监督党的教育方针贯彻落实，巩固马克思主义在高校意识形态领域的指导地位，加强思想政治引领，筑牢学生理想信念根基，落实立德树人根本任务，保证教学科研管理各项任务完成。

（五）非公有制经济组织中的党支部，引导和监督企业严格遵守国家法律法规，团结凝聚职工群众，依法维护各方合法权益，建设企业先进文化，促进企业健康发展。

（六）社会组织中的党支部，引导和监督社会组织依法执业、诚信从业，教育引导职工群众增强政治认同，引导和支持社会组织有序参与社会治理、提供公共服务、承担社会责任。

（七）事业单位中的党支部，保证监督改革发展正确方向，参与重要决策，服务人才成长，促进事业发展。事业单位中发挥领导作用的党支部，对重大问题进行讨论和作出决定。

（八）各级党和国家机关中的党支部，围绕服务中心、建设队伍开展工作，发挥对党员的教育、管理、监督作用，协助本部门行政负责人完成任务、改进工作。

（九）流动党员党支部，组织流动党员开展政治学习，过好组织生活，进行民主评议，引导党员履行党员义务，行使党员权利，充分发挥作用。对组织关系不在本党支部的流动党员民主评议等情况，应当通报其组织关系所在党支部。

（十）离退休干部职工党支部，宣传执行党的路线方针政策，根据党员实际情况，组织参加学习，开展党的组织生活，听取意见建议，引导他们结合自身实际发挥作用。

第四章　工作机制

第十一条　党支部党员大会是党支部的议事决策机构，由全体党员参加，一般每季度召开1次。

党支部党员大会的职权是：听取和审查党支部委员会的工作报告；按照规定开展党支部选举工作，推荐出席上级党代表大会的代表候选人，选举出席上级党代表大会的代表；讨论和表决接收预备党员和预备党员转正、延长预备期或者取消预备党员资格；讨论决定对党员的表彰表扬、组织处置和纪律处分；决定其他重要事项。

村、社区重要事项以及与群众利益密切相关的事项，必须经过党支部党员大会讨论。

党支部党员大会议题提交表决前，应当经过充分讨论。表决必须有半数以上有表决权的党员到会方可进行，赞成人数超过应到会有表决权的党员的半数为通过。

第十二条　党支部委员会是党支部日常工作的领导机构。

党支部委员会会议一般每月召开1次，根据需要可以随时召开，对党支部重要工作进行讨论、作出决定等。党支部委员会会议须有半数以上委员到会方可进行。重要事项提交党员大会决定前，一般应当经党支部委员会会议讨论。

第十三条　党员人数较多或者党员工作地、居住地比较分散的党支部，按照便于组织开展活动原则，应当划分若干党小组，并设立党小组组长。党小组组长由党支部指定，也可以由所在党小组党员推荐产生。

党小组主要落实党支部工作要求，完成党支部安排的任务。

党小组会一般每月召开1次，组织党员参加政治学习、谈心谈话、开展批评和自我批评等。

第十四条　党支部党员大会、党支部委员会会议由党支部书记召集并主持。书记不能参加会议的，可以委托副书记或者委员召集并主持。党小组会由党小组组长召集并主持。

第五章　组织生活

第十五条　党支部应当严格执行党的组织生活制度，经常、认真、严肃地开展批评和自我批评，增强党内政治生活的政治性、时代性、原则性、战斗性。

党员领导干部应当带头参加所在党支部或者党小组组织生活。

第十六条　党支部应当组织党员按期参加党员大会、党小组会和上党课，定期召开党支部委员会会议。

"三会一课"应当突出政治学习和教育，突出党性锻炼，以"两学一做"为主要内容，结合党员思想和工作实际，确定主题和具体方式，做到形式多样、氛围庄重。

党课应当针对党员思想和工作实际，回应普遍关心的问题，注重身边人讲身边事，增强吸引力感染力。党员领导干部应当定期为基层党员讲党课，党委（党组）书记每年至少讲1次党课。

党支部每月相对固定1天开展主题党日，组织党员集中学习、过组织生活、进行民主议事和志愿服务等。主题党日开展前，党支部应当认真研究确定主题和内容；开展后，应当抓好议定事项的组织落实。

对经党组织同意可以不转接组织关系的党员，所在单位党组织可以将其纳入一个党支部或者党小组，参加组织生活。

第十七条 党支部每年至少召开 1 次组织生活会，一般安排在第四季度，也可以根据工作需要随时召开。组织生活会一般以党支部党员大会、党支部委员会会议或者党小组会形式召开。

组织生活会应当确定主题，会前认真学习，谈心谈话，听取意见；会上查摆问题，开展批评和自我批评，明确整改方向；会后制定整改措施，逐一整改落实。

第十八条 党支部一般每年开展 1 次民主评议党员，组织党员对照合格党员标准、对照入党誓词，联系个人实际进行党性分析。

党支部召开党员大会，按照个人自评、党员互评、民主测评的程序，组织党员进行评议。党员人数较多的党支部，个人自评和党员互评可以在党小组范围内进行。党支部委员会会议或者党员大会根据评议情况和党员日常表现情况，提出评定意见。

民主评议党员可以结合组织生活会一并进行。

第十九条 党支部应当经常开展谈心谈话。党支部委员之间、党支部委员和党员之间、党员和党员之间，每年谈心谈话一般不少于 1 次。谈心谈话应当坦诚相见、交流思想、交换意见、帮助提高。

党支部应当注重分析党员思想状况和心理状态。对家庭发生重大变故和出现重大困难、身心健康存在突出问题等情况的党员，党支部书记应当帮助做好心理疏导；对受到处分处置以及有不良反映的党员，党支部书记应当有针对性地做好思想政治工作。

第六章　党支部委员会建设

第二十条　有正式党员7人以上的党支部，应当设立党支部委员会。党支部委员会由3至5人组成，一般不超过7人。

党支部委员会设书记和组织委员、宣传委员、纪检委员等，必要时可以设1名副书记。

正式党员不足7人的党支部，设1名书记，必要时可以设1名副书记。

第二十一条　村、社区党支部委员会每届任期5年，其他基层单位党支部委员会一般每届任期3年。

党支部委员会由党支部党员大会选举产生，党支部书记、副书记一般由党支部委员会会议选举产生，不设委员会的党支部书记、副书记由党支部党员大会选举产生。选出的党支部委员，报上级党组织备案；党支部书记、副书记，报上级党组织批准。党支部书记、副书记、委员出现空缺，应当及时进行补选。确有必要时，上级党组织可以指派党支部书记或者副书记。

建立健全党支部按期换届提醒督促机制。根据党组织隶属关系和干部管理权限，上级党组织对任期届满的党支部，一般提前6个月以发函或者电话通知等形式，提醒做好换届准备。对需要延期或者提前换届的，应当认真审核、从严把关，延长或者提前期限一般不超过1年。

第二十二条　党支部书记主持党支部全面工作，督促党支部其他委员履行职责、发挥作用，抓好党支部委员会自身建设，向党支部委员会、党员大会和上级党组织报告工作。

党支部副书记协助党支部书记开展工作。党支部其他委员按照职责分工开展工作。

第二十三条 党支部书记应当具备良好政治素质，热爱党的工作，具有一定的政策理论水平、组织协调能力和群众工作本领，敢于担当、乐于奉献，带头发挥先锋模范作用，在党员、群众中有较高威信，一般应当具有1年以上党龄。

第二十四条 上级党组织应当结合不同领域实际，突出政治标准，按照组织程序，采取多种方式，选拔符合条件的优秀党员担任党支部书记。

村、社区应当注重从带富能力强的村民、复员退伍军人、经商务工人员、乡村教师、乡村医生、社会工作者、大学生村官、退休干部职工等群体中选拔党支部书记。对没有合适人选的，上级党组织可以跨地域或者从机关和企事业单位选派党支部书记。根据工作需要，上级党组织可以选派优秀干部到村、社区担任党支部第一书记，指导、帮助党支部书记开展工作，主要承担建强党支部、推动中心工作、为民办事服务、提升治理水平等职责任务。符合条件的村、社区党支部书记可以通过法定程序担任村民委员会、居民委员会主任。

机关、国有企业、事业单位，党支部书记一般由本部门本单位主要负责人担任，也可以由本部门本单位其他负责人担任。根据工作需要，上级党组织可以选派党员干部担任专职党支部书记。

非公有制经济组织、社会组织，一般从管理层中选任党支部书记，应当注重从业务骨干中选拔党支部书记。没有合适人选的，可以由上级党组织选派党支部书记。

加强党支部书记后备队伍建设，注意发现优秀党员作为党支部书记后备人才培养，建立村、社区等领域党支部书记后备人才库。

第二十五条　上级党组织应当经常对党支部书记、副书记和其他委员进行培训。

党支部书记培训纳入党员、干部教育培训规划，对新任党支部书记应当进行任职培训。中央组织部组织开展党支部书记示范培训，地方、行业、系统一般根据党组织隶属关系，分层分类开展党支部书记全员轮训。党支部书记每年应当至少参加1次县级以上党组织举办的集中轮训。注意统筹安排，防止频繁参训，确保党支部书记做好日常工作。

对党支部书记、副书记和其他委员的培训应当突出党的基本理论、基本政策、基本知识及党务工作基本要求，党的优良传统和作风，党规党纪等内容。注重发挥优秀党支部书记传帮带作用。

第二十六条　注重从优秀村、社区党支部书记中选拔乡镇和街道领导干部，考录公务员和招聘事业单位人员。

培养树立党支部书记先进典型，对优秀党支部书记给予表彰表扬。

第二十七条　党支部委员会成员应当自觉接受上级党组织和党员、群众监督，加强互相监督。

党支部书记每年应当向上级党组织和党支部党员大会述职，接受评议考核，考核结果作为评先评优、选拔使用的重要依据。

第二十八条　建立持续整顿软弱涣散党支部工作机制。对不适宜担任党支部书记、副书记和委员职务的，上级党组织应当及时作出调整。对存在换届选举拉票贿选、宗族宗教和黑恶势力干扰渗透等问题的，上级党组织应当及时严肃处理。

第七章　领导和保障

第二十九条　各级党委（党组）应当把党支部建设作为最重要的基本建设，定期研究讨论、加强领导指导，切实履行主体责任。县级党委每年至少专题研究1次党支部建设工作。

各级党委（党组）书记应当带头建立党支部工作联系点，带头深入基层调查研究，发现和解决问题，总结推广经验。

第三十条　党委组织部门应当经常对党支部建设情况进行分析研判，加强分类指导和督促检查，扩大先进党支部增量，提升中间党支部水平，整顿后进党支部。加强党支部标准化、规范化建设。基层党委一般应当配备专兼职组织员，加强对党支部建设的具体指导。

各级党委组织部门应当注意通过党支部了解掌握党员干部日常表现，干部考察应当听取考察对象所在党支部的意见。

村、社区党支部书记纳入县级党委组织部备案管理。

第三十一条　村、社区党支部工作纳入县级党委巡察监督工作内容。

第三十二条　抓党支部建设情况应当列入各级党委书记抓基层党建工作述职评议考核的重要内容，作为评判其履行管党治党政治责任情况的重要依据。对抓党支部建设不力、各项工作不落实的，上级党委及其组织部门应当进行约谈。对党支部建设出现严重问题，党员、群众反映强烈的，应当按照规定严肃问责。

第三十三条　各级党组织应当为党支部开展工作提供必要条件，给予经费保障。增强村、社区党支部运转经费保障能力，落实村、社区党支部书记报酬待遇，并根据当地经济发展水平建立正常增长机制。给予非公有制经济组织和社会组织党支部工作经费支持。加强村、社区和园区等领域基层党组织活动场所建设，积极运用现代技术和信息化手段，充分发挥办公议事、开展党的活动、提供便民服务等综合功能。

县级以上党委管理的党费每年应当按照一定比例下拨到党支部，重点支持贫困村党支部、困难国有企业党支部、非公有制经济组织和社会组织党支部、流动党员党支部、离退休干部职工党支部等开展党的活动。

第八章　附　　则

第三十四条　村、社区党的基层委员会、总支部委员会，按照本条例执行。

第三十五条　中央军事委员会可以根据本条例，制定相关规定。

第三十六条　本条例由中央组织部负责解释。

第三十七条　本条例自2018年10月28日起施行。其他有关党支部的规定与本条例不一致的，按照本条例执行。

中共交通运输部党组关于全面加强新时代党支部建设的意见

（2019年5月31日）

部属各单位、部内各司局党组织：

为深入贯彻落实习近平总书记关于加强新时代党支部建设的重要指示精神，深化落实《中国共产党支部工作条例（试行）》，推动交通运输部系统各级党组织更加重视党支部、全面建强党支部，全面提升党支部组织力，确保党的路线方针政策和决策部署在交通运输落地生根，凝聚起推进交通强国建设的强大力量，现提出如下意见。

一、深刻认识全面加强新时代党支部建设的重要意义

（一）**提高政治站位**。抓好党支部是以习近平同志为核心的党中央的重大决策部署，是推进伟大斗争、伟大工程、伟大事业、伟大梦想的战略举措。要把交通运输部系统党支部建设放在更加突出的位置，以实际行动坚决维护习近平总书记核心地位、坚决维护党中央权威和集中统一领导。

（二）**立足基础地位**。党支部是党的基础组织，是党组织开展工作的基本单元，在党的建设中居于基础地位。要通过全面加强交通运输部系统党支部建设，把党的全面领导落到基层、实到支部，把全面

新时代交通运输部系统党支部建设

从严治党落实到每个支部、每名党员,把党的建设基础打牢,为巩固党长期执政的组织基础作出交通运输贡献。

(三)聚焦功能定位。党支部是党在社会基层组织中的战斗堡垒,担负直接教育党员、管理党员、监督党员和组织群众、宣传群众、凝聚群众、服务群众的职责。要强化党支部主体作用,激发党支部工作活力,使交通运输部系统党的基层组织更加坚强有力,成为凝聚磅礴力量,团结引领党员、群众攻坚克难的堡垒。

(四)找准历史方位。党的十九大提出了建设交通强国的宏伟目标,这是新时代全体交通人为之奋斗的新使命。要在交通强国建设新征程中不断提高交通运输部系统党支部建设质量,把党的组织优势、组织资源、组织力量充分发挥出来,为交通运输发展注入强大动力、提供坚强保证。

二、准确把握全面加强新时代党支部建设的总体要求

(五)以习近平新时代中国特色社会主义思想为指导。增强"四个意识",坚定"四个自信",做到"两个维护",认真落实新时代党的建设总要求和新时代党的组织路线,把党的政治建设摆在首位,把抓好党支部作为党的组织体系建设的基本内容、管党治党的基本任务、检验党建工作成效的基本标准,全面加强党支部各项建设,推动全面从严治党向基层延伸、向纵深发展。

(六)以《中国共产党支部工作条例(试行)》为基本遵循。弘扬"支部建在连上"的光荣传统,牢固树立党的一切工作到支部的鲜明导向,按照加强党支部标准化、规范化建设要求,增强党支部建设

的系统性、整体性，全面提升党支部组织力，强化党支部政治功能，切实把思想政治工作落到支部，把从严教育管理党员落到支部，把群众工作落到支部，充分发挥党支部战斗堡垒作用。

（七）以推进交通强国建设为着力点。坚持党建与业务深度融合，实现党支部建设与交通运输体制对接、机制对接、制度对接、工作对接。坚持层层落实责任、分类精准施策，坚持问题导向、久久为功，在交通运输服务决胜全面建成小康社会和建设交通强国进程中，持续加强党支部建设，推动党支部建设全面进步、全面过硬。

三、认真落实全面加强新时代党支部建设的重点任务

（八）加强政治建设。认真贯彻落实《中共交通运输部党组贯彻落实〈中共中央关于加强党的政治建设的意见〉的实施意见》，严格执行《中共交通运输部党组关于维护党中央集中统一领导的规定》，坚决维护习近平总书记核心地位，坚决维护党中央权威和集中统一领导，把政治标准和政治要求贯穿党支部建设始终，做到党的政治建设与党支部各项工作紧密结合、相互促进，组织引领党员、群众听党话、跟党走，保证各项工作坚持正确政治方向、取得良好政治效果。

（九）加强思想建设。深入学习贯彻习近平新时代中国特色社会主义思想，学习党章、尊崇党章，持续推进"两学一做"学习教育常态化制度化，扎实开展"不忘初心、牢记使命"主题教育等党内集中学习教育，开展革命传统教育、形势政策教育，注重用身边人身边事做好先进典型教育和警示教育，开展重温入党誓词、入党志愿书以及党员过"政治生日"等政治仪式，充分运用"学习强国"APP等党员学习教育平台，不断加强思想理论武装，坚定理想信念，不忘初心、

新时代交通运输部系统党支部建设

牢记使命,始终保持先进性和纯洁性。

(十) 加强组织建设。按照单独组建为主的要求,全面规范基层单位及其内设机构、工作船艇、工程工地、工作站点、工作项目等党支部设置。巡视巡察组、审查调查组、临时出国(境)团组,1个月以上的脱产培训班以及为执行交通应急抢险等任务临时组建的机构,按规定成立临时党支部。按照经常、认真、严肃的要求,开展"三会一课"、主题党日、组织生活会、民主评议党员、专题党性分析、谈心谈话等组织生活,党员领导干部带头参加双重组织生活,确保党支部每月至少开展一次高质量的组织生活。按期做好党支部换届选举。

(十一) 加强作风建设。坚持践行党的宗旨和群众路线,站稳群众立场,增进群众感情,密切党群关系。严格落实中央八项规定及其实施细则精神,持续纠正"四风",坚决整治形式主义、官僚主义。经常查找解决干事创业精气神不够、不担当不作为、推诿扯皮、办事不公、侵害群众利益等问题,持续改进学风、文风、会风。发展积极健康的党内政治文化,坚持"三严三实",大力弘扬忠诚老实、公道正派、实事求是、清正廉洁等价值观,以优良的党风带政风促行风。

(十二) 加强纪律建设。严明政治纪律和政治规矩,通过严明政治纪律带动党的其他纪律严起来,决不允许在重大政治原则问题上、大是大非问题上同党中央唱反调,搞自由主义。加强纪律教育,经常开展党规党纪学习,加强宪法法律法规教育,认真做好重要时间节点经常性廉政提醒,注重抓早抓小、防微杜渐,坚持开展批评和自我批评。切实履行监督职责,坚决维护和执行党的纪律,自觉抵制不良倾向,坚决同各种违纪违法行为作斗争。落实党风廉政建设责任,落实一体推进不敢腐、不能腐、不想腐的要求,推动全面从严治党向纵深发展，巩固发展反腐败斗争压倒性胜利。

（十三）加强制度建设并贯彻始终。严格落实民主集中制各项制度，完善党支部工作机制，规范党支部党员大会、党支部委员会、党小组会的职责和运行方式，规范党支部委员会向党支部党员大会报告工作、向上级党组织请示报告重大事项的程序方法，规范党小组划分。健全党支部成立、调整、撤销等审批制度，完善党支部选举工作和换届提醒机制。完善指派党支部书记、副书记程序方法。按照中央部署，细化规范不同类别党支部的重点任务内容和落实方法。建立干部选拔任用、评先评优听取所在党支部意见的具体工作程序。基层党建工作要求纳入企事业单位、高校、社团章程。

四、不断提高全面加强新时代党支部建设的能力水平

（十四）增强党支部的工作本领。党支部要善于把党建工作与业务工作有效结合，做到年度有计划、月度有安排、工作有载体、落实有督查，确保职责有效履行、任务有效完成。要加强和改进思想政治工作，发扬党内民主，充分调动党员参与党支部工作的积极性主动性创造性，充分发挥党员的先锋模范作用，有效团结组织群众。党支部书记要带头锤炼忠诚干净担当的政治品格，带头提高政治素质、政策理论水平、组织协调能力、群众工作本领，带头履职尽责。要自觉执行民主集中制，调动和发挥党支部委员会成员的作用，增强党支部委员会的整体功能。

（十五）增强党委（党组）抓好党支部的本领。各级党委（党组）要牢记"重视党支部、善抓党支部，是党员领导干部政治成熟的重要标志"，善于抓两头、促中间，通过带头示范、工作交流、联学

联建、典型培树等，扩大先进党支部增量、提升中间党支部水平、整顿后进党支部，持续引导推动党支部提高工作水平。各级党委（党组）成员特别是主要负责同志要善于深入支部抓支部，自觉指导推动分管联系单位、部门抓好党支部建设，要选择一个党支部特别是承担任务较重、工作环境较复杂的一线党支部作为联系点，推动形成各级书记齐抓党支部建设的良好局面，不断巩固拓展部系统大抓基层、大抓支部的良好态势。

五、切实做好全面加强新时代党支部建设的领导保障

（十六）**强化组织领导**。各级党委（党组）要落实抓党支部建设的主体责任，把党支部建设作为最重要的基本建设，纳入单位事业发展和党的建设规划计划，每年年初对党支部建设作出具体部署安排，列出工作项目清单，经常对党支部建设情况进行分析研判，每年至少专题研究一次党支部建设工作。及时选优配强党支部委员会成员，党支部书记原则上由党支部所在部门、单位党员主要负责人担任，注重选拔新退休党员领导干部担任离退休干部职工党支部委员会成员。每年按规定组织做好党支部书记、副书记和其他委员的培训。基层党委要加强全覆盖跟踪指导，明确专职或兼职组织员，加强对党支部建设的具体指导。

（十七）**强化基本保障**。各级党委（党组）要按规定统筹使用党费、机关事业单位党建活动经费、企业党组织工作经费，加强预算管理，支持党支部开展工作。合理利用办公场所，按照氛围庄重、风格简洁、功能实用的原则，推动加强党支部活动室建设。积极为党支部运用现代技术和信息化手段创造条件。部机关有关司局在履行行业管

理职责、制定规划政策制度、开展工作督促检查中,要注重发挥促进行业基层党支部建设的作用。

(十八) **强化监督考核**。各级党委(党组)要把抓党支部建设情况列入巡视巡察、领导班子和领导干部考核评价、党建工作督促检查、党组织书记抓基层党建工作述职评议考核的重要内容,力戒形式主义、官僚主义,落实减负提质增效要求,按规定做好结果运用和奖惩激励。把专兼职党务工作经历纳入干部履历,将党务工作情况纳入个人年度述职和年度考核。

参考文献

［1］习近平.习近平谈治国理政（第一卷）［M］.2版.北京：外文出版社，2018.

［2］习近平.习近平谈治国理政（第二卷）［M］.北京：外文出版社，2017.

［3］习近平.习近平谈治国理政（第三卷）［M］.北京：外文出版社，2020.

［4］中共中央党史和文献研究院，中央"不忘初心、牢记使命"主题教育领导小组办公室.习近平关于"不忘初心、牢记使命"论述摘编［M］.北京：中央文献出版社、党建读物出版社，2019.

［5］习近平.在党史学习教育动员大会上的讲话［M］.北京：人民出版社，2021.

［6］中共中央文献研究室.习近平关于社会主义文化建设论述摘编［M］.北京：中央文献出版社，2017.

［7］中共中央党校（国家行政学院）.习近平新时代中国特色社会主义思想基本问题［M］.北京：人民出版社、中共中央党校出版社，2020.

［8］中共中央宣传部.习近平新时代中国特色社会主义思想学习问答［M］.北京：学习出版社、人民出版社，2021.

［9］中央和国家机关工委.新时代机关党建简明读本［M］.北京：党建读物出版社，2021.

［10］《党的十九大报告学习辅导百问》编写组.党的十九大报告学习

辅导百问 [M]．北京：党建读物出版社、学习出版社，2017．

[11] 中共交通运输部党组．努力当好中国现代化的开路先锋 [J]．求是，2022（4）．

[12] 人民日报记者．全面提高新时代党支部建设质量——中组部负责人就印发《中国共产党支部工作条例（试行)》答记者问 [N]．人民日报，2018-11-27（4）．

[13] 人民日报评论部．坚持以人民为中心的发展思想——深入学习领会"十个明确"的精神实质和丰富内涵④ [N]．人民日报，2022-3-28（5）．

[14] 李拯．八项规定，激发当代中国风气之变 [N]．人民日报，2017-10-10（5）．

[15] 人民日报评论员．进一步发扬革命精神——论扎实开展党史学习教育 [N]．人民日报，2021-4-14（1）．

[16] 丁小溪，范思翔．"在重要历史关头召开的一次具有重大历史意义的会议"——中共中央举行新闻发布会解读党的十九届六中全会精神 [N]．人民日报，2021-11-13（4）．

[17] 新时代党员教育管理工作的基本遵循——中央组织部负责人就印发《中国共产党党员教育管理工作条例》答记者问 [N]．人民日报，2019-5-23（6）．

[18] 李小鹏．党领导交通运输事业的成就与经验启示 [N]．学习时报，2021-11-19（A1）．

后　　记

　　《新时代交通运输部系统党支部建设》是集体智慧的结晶。为编写好这本书，交通运输部党校（管理干部学院）成立了由交通运输部直属机关党委常务副书记柯林春同志担任主任委员，党委书记兼党校第一副校长易振国同志，院长、党委副书记兼党校常务副校长郭洪太同志担任副主任委员的编审委员会。副院长严红同志具体负责组织书稿编写，主持了提纲拟定、书稿审定等工作。承担本书撰写任务的有：第一章由苏青场撰写；第二章由隋斌斌、苏青场、赖万群撰写；第三章由李佳裔撰写；第四章由孙强撰写；第五章由张慧研撰写；第六章由李凤撰写；第七章由杨久华、陈海燕撰写。本书由苏青场统稿。

　　在本书编写过程中，编写组在编审委员会指导下，多次召开编写专题会议和专家咨询会，广泛征求了交通运输部系统有关单位党委、纪委负责同志，有关科研单位领导专家以及从事实际工作的基层党务工作者的意见和建议，吸收了不同层面、具有代表性的意见和建议。

　　本书在编写、出版过程中得到了交通运输部直属机关党委等有关部门的悉心指导和大力支持。党建读物出版社主任编审刘宗琴同志对全书内容进行了审阅，并提出了宝贵的修改意见。人民交通出版社股份有限公司高度重视本书的出版，总经理、总编辑韩敏同志多次对书

后 记

稿内容进行修改，对著作出版给予了大力支持。在此一并致谢！

加强新时代党支部建设是交通运输部系统加强党的建设的一个重大课题。本书的研究仅仅只是一个开始，难免存在不足之处，欢迎广大读者特别是党务工作者提出宝贵的意见和建议，以便进一步修改完善。

编 者

2022 年 6 月